Vibración de ONDAS
CEREBRALES
Regresa al ritmo de una vida feliz y saludable

Vibración de ONDAS CEREBRALES

Regresa al ritmo de una vida feliz y saludable

Ilchi Lee

Traducido por: Alma Alexandra García

Grupo Editorial Tomo, S.A. de C.V.,
Nicolás San Juan 1043,
03100, México, D.F.

1a. edición, julio 2012.

© *Brain Wave Vibration*
Copyright © 2008 by Ilchi Lee
BEST Life Media
6560 Highway 179, Suite 114.
Sedona, AZ 86351

© 2012, Grupo Editorial Tomo, S.A. de C.V.
Nicolás San Juan 1043, Col. Del Valle. 03100, México, D.F.
Tels. 5575-6615 • 5575-8701 y 5575-0186
Fax. 5575-6695
http://www.grupotomo.com.mx
ISBN-13: 978-607-415-402-2
Miembro de la Cámara Nacional
de la Industria Editorial No. 2961

Traducción: Alma Alexandra García
Diseño de portada: Karla Silva
Formación tipográfica: Armando Hernández
Supervisor de producción: Leonardo Figueroa

Derechos reservados conforme a la ley.
Ninguna parte de esta publicación podrá ser reproducida o
transmitida en cualquier forma, o por cualquier medio electrónico
o mecánico, incluyendo fotocopiado, cassette, etc., sin autorización
por escrito del editor titular del Copyright.

Este libro se publicó conforme al contrato establecido entre
BEST Life Media, Yorwerth Associates y Grupo Editorial Tomo, S.A. de C.V.

Impreso en México - *Printed in Mexico*

Contenido

Introducción. En defensa de la vibración de ondas cerebrales 11
Los beneficios de la vibración
   de ondas cerebrales 12
Un método para despertar 14
El nacimiento de la vibración
   de ondas cerebrales 17
La fuente de milagros 20
El gran salto hacia delante 22

Parte I: Principio

Capítulo 1: La vida es vibración................ 27
Resonancia cerebral 29
El lenguaje de la vida......................... 31
Cerrar el círculo 36
Regresa a la sabiduría hace tiempo perdida 39
Conectarse 41

Capítulo 2: Escucha el ritmo de la vida 43
Baila con energía 44
La conciencia de la música.................... 46

El poder curativo del ritmo....................	48
Yull-yo, el ritmo de la vida.....................	50

Capítulo 3: El secreto del tallo cerebral........ 55
Vivir en la era del estrés.......................	56
Envía una carta de amor a tus células..........	60
Administrar la energía es administrar la vida.........................	62
Una nueva definición de salud.................	64
Haz las paces con tu tallo cerebral.............	66
Cómo se hacen los milagros...................	69

Capítulo 4: La fuente de la intención........... 71
El predicamento humano	72
Actualiza el sistema operativo de tu cerebro ...	75
La materia sigue a la mente	78

Capítulo 5: Entra en contacto con el infinito... 83
Dios y el cerebro..............................	84
En busca de la unidad.........................	85
Experimentar la unidad.......................	87

Capítulo 6: La raíz del asunto................. 89
Maestría cerebral	90
Manejo de la información	91
La conexión con la conciencia.................	97

Capítulo 7: El poder de la esperanza........... 101
Tú eres la Tierra	102
Desarrolla un cerebro de amplios beneficios ...	105

Resonancia vibratoria........................ 107
Desarrolla la mente infinita 110
El regreso a la unidad 112

Parte II: Práctica

El viaje comienza 119
   Lineamientos para la práctica................ 121
   Precauciones al momento de la práctica....... 127
   El proceso de vibración de ondas
      cerebrales................................. 131
   Siete metas de la vibración de ondas
      cerebrales................................. 135
   Vibración de ondas cerebrales básica.......... 139
   Variaciones de la vibración de ondas
      cerebrales................................. 145

Epílogo: Deslízate sobre las olas de la vida 157

Apéndice
   Historias de curación y esperanza 161
   Autoevaluación de SFP....................... 199
   Los cinco pasos del sistema de
      entrenamiento en educación cerebral 209

Recursos para la vibración de ondas cerebrales... 215
Acerca del autor 219

*Dedicado a las muchas personas
que trabajan para crear salud,
felicidad y paz en el mundo.*

Un ser humano forma parte del todo, al cual damos el nombre de universo, una parte limitada en el tiempo y el espacio. Ese ser humano se experimenta a sí mismo, sus pensamientos y sus sentimientos como algo separado del resto: una especie de ilusión óptica de su conciencia. Esta ilusión es una especie de prisión para nosotros, restringiéndonos a nuestros deseos personales y al afecto que sentimos por unas cuantas personas cercanas a nosotros. Nuestra tarea debe consistir en liberarnos de esta prisión ampliando nuestro círculo de compasión para abrazar a todas las criaturas vivas y a la naturaleza en su totalidad con toda su belleza.

—Albert Einstein

Introducción
En defensa de la vibración de ondas cerebrales

Este libro trata acerca de una técnica de entrenamiento tan fácil de comprender que, en realidad, no es necesario un libro sobre el tema. La técnica se llama vibración de ondas cerebrales, un método curativo y de autodesarrollo que todo mundo puede aprender en dos minutos. De hecho, este método es tan sencillo que las instrucciones completas pueden caber en una sola hoja de papel.

Entonces quizá te preguntes: ¿Por qué habría yo de leer este libro? ¿Por qué no simplemente se reparten fotocopias de esa sola hoja de papel? ¿O por qué no suben un video a *YouTube* y lo dan a conocer en los foros de discusión de Internet? Bueno, porque quiero que comprendas cuán profundamente transformador puede resultar este método y deseo compartir contigo mi pasión por él. Creo que puede cambiar la vida de las personas para bien, y espero que tú descubras lo mismo.

La vibración de ondas cerebrales es tan sencilla que a la mayoría de las personas les parece difícil de creer, razón por la cual te presento en este libro mis argumentos a favor. No sólo estoy defendiendo el método en sí; más bien, me gustaría transmitirte que posees un poder desaprovechado en tu interior —el poder de sanar, de crear y de amar— que está esperando justo debajo de la superficie de tu ser. La vibración de ondas cerebrales tiene como único fin ayudarte a descubrir esa capacidad natural.

Los beneficios de la vibración de ondas cerebrales

Más allá de los principios y teorías que subyacen a la vibración de ondas cerebrales, el aspecto más importante es el beneficio que recibes a través de la práctica misma. Si la practicas con sinceridad y con una mente abierta, considero que te sorprenderá la velocidad con la que comenzarás a experimentar beneficios.

La mejor forma de comprender los beneficios de la vibración de ondas cerebrales consiste en practicarla. En la parte final de este libro encontrarás instrucciones detalladas y sugerencias que te ayudarán a aprovecharla al máximo. No obstante, puedes empezar en este preciso instante, justo aquí, mientras estás sentado leyendo este libro.

Todo lo que tienes que hacer es poner a un lado el libro y mover suavemente la cabeza hacia atrás y hacia delante. Cierra los ojos y concéntrate en el movimiento de tu cabeza que va hacia atrás y hacia delante. Simplemente enfócate en el ritmo natural durante uno o dos minutos: atrás y adelante, atrás y adelante. Vamos, pon el libro a un lado. Te veré en un par de minutos.

¿Y bien? ¿Qué tal te fue? Aunque practicaste la técnica únicamente durante dos minutos, apuesto a que sentiste alguna diferencia. Quizá te sentiste un poco más relajado, tal vez tus hombros se liberaron de la tensión, o cuando abriste los ojos el mundo se vio un poco más brillante.

El ser humano debe desarrollarse en tres sentidos, para alcanzar un estado de realización: primero en el nivel físico, al que yo llamo *Jung-choong*, y luego en términos de carácter personal, conocido como *Ki-jang*. Finalmente la persona debe lograr el *Shin-myung*, la iluminación espiritual.

Si pudiste sentir algo en dos minutos o menos, imagina lo que podrías experimentar con una práctica prolongada y consistente. La curación es una experiencia sumamente personal, pero a continuación te presento algunos de los beneficios más importantes que puedes esperar recibir:

- **Beneficios físicos:** La vibración de ondas cerebrales moverá todo tu cuerpo, promoviendo la salud cardiovascular, una mejor circulación y una mayor fuerza y flexibilidad. Ayuda a reducir la respuesta de estrés en el cuerpo, induciendo un estado de relajación profunda. Finalmente, estimulará la capacidad innata del cuerpo para sanarse.
- **Beneficios mentales:** Al igual que tu cuerpo, tu mente también se relajará. A medida que aprendas a vaciar tu mente de pensamientos superfluos, también aprenderás a sacudirte los recuerdos emocionales agobiantes. Tu mente estará más despejada y podrás tener acceso a tu pleno potencial creativo. También obtendrás un nuevo sentido de confianza conforme comiences a enviarte mensajes positivos a ti mismo.

- **Beneficios espirituales:** A medida que profundices en la práctica, te harás consciente del campo energético que nos une a todos, al tiempo que afianzarás tu sentido personal de propósito de vida. La compasión, la bondad y la gratitud fluirán de forma natural desde tu corazón. Tu vida se volverá un reflejo de tu sentido interno de integridad.

Un método para despertar

Todo esto puede parecer demasiado bueno para ser verdad. La razón por la cual quizá no creas tan fácilmente en este método es sencilla: realmente no crees en ti mismo(a). Para convencerte de este método primero debo convencerte de creer totalmente en ti. Puedes tener una cantidad aceptable de confianza en ti y un nivel relativamente elevado de autoestima, al menos en el sentido psicológico convencional, pero si eres como la mayoría de las personas, no tienes ni idea de cuánto poder posees en realidad.

Parece que en algún punto del pasado antiguo de la humanidad dejamos de creer en nuestro propio poder inherente. Muchas mitologías del mundo hablan de un tiempo durante el cual toda la humanidad vivió en armonía consigo misma y con la Tierra. La desarmonía se produjo cuando las personas, en conjunto, decidieron que el poder proviene de algo fuera de sí mismas. Inventaron dioses y reyes y se pelearon por ver a quién se le daría supremacía. Todo el poder que necesitaban ya existía en su interior, pero, desafortunadamente, lo habían olvidado.

Este hecho de voltear hacia fuera ha sido, a final de cuentas, una bendición en sí misma, pues nos ha ayudado a obtener un entendimiento racional de nosotros y del mundo. Muchos avances en la ciencia y la medicina fueron posibles gracias a la capacidad de percibir las diferencias, de clasificar y analizar. Sin embargo, una vez más ha llegado el momento de reconocer nuestro lado intuitivo, en esta ocasión con un sentido más amplio de conciencia y propósito. La mente racional nos ha dado buen servicio, pero existe un potencial en nuestro cerebro que va más allá de la racionalidad superficial.

Yo creo que todas las personas en el planeta poseen una capacidad sorprendente en su interior gracias a las características maravillosas del cerebro humano. De hecho, todo lo que busco enseñarte en este libro ya está dentro de ti, esperando ser descubierto. Estoy aquí sólo para ofrecerte una guía a medida que redescubres esta vasta reserva de potencial en tu interior.

Afortunadamente, la humanidad está comenzando a darse cuenta de este potencial verdadero. Las personas están empezando a tener un atisbo del increíble poder que yace dentro de la mente humana. Esta comprensión se hace claramente evidente en la popularidad masiva y mundial de la película *El secreto*, la cual sirvió para que las personas recordaran que pueden hacer de su vida lo que ellas deseen simplemente mediante un enfoque positivo de la mente. Muchos maestros, como los que aparecen en el filme, están saliendo a la luz para ayudarnos a redescubrir nuestra capacidad de crear una vida con intención.

Durante casi treinta años también he estado ofreciendo esta visión a mis estudiantes. Ninguno de los muchos métodos de entrenamiento que he creado tiene como único objetivo promover la salud física. La salud del cuerpo es importante, pero resulta inútil si no poseemos también un corazón feliz y un espíritu en paz. El propósito primordial de todos estos métodos de entrenamiento ha sido siempre ayudar a las personas a crear la vida que realmente quieren vivir, especialmente a través del desarrollo y entrenamiento del cerebro.

La vibración de ondas cerebrales es una herramienta para agudizar tu capacidad de crear una vida con intención. Muy probablemente no tengo que convencerte de que tus pensamientos son poderosos y que los pensamientos positivos son la clave para tener una vida mejor, pero también sabes que puede ser difícil poner estas ideas en práctica de forma consistente en tu vida. Quizá hayas intentado seguir el consejo dado por los maestros y te desanimaste cuando los mismos viejos problemas reaparecieron y regresó a ti un profundo sentido de insatisfacción.

Me gustaría insinuar que si se te dificulta hacer que tu realidad siga los deseos de tu mente es debido a que no te has tomado tiempo para cambiar la herramienta con la cual puedes transformar tu realidad. En otras palabras, no has dado los pasos para entrenar tu cerebro.

En apariencia, es fácil convencerte de que tu pensamiento es positivo, pero en realidad probablemente tengas muchas capas de pensamiento negativo que pueden socavar aún el esfuerzo más sincero por tener un cambio positivo. La vibración de ondas cerebrales ofrece una forma de romper las capas de patrones de pensamiento de autonegación, de modo que puedas deshacerte de ellos y volver a empezar. Con este fin, daremos un vistazo directamente al órgano corporal que produce el pensamiento —el cerebro— e intentaremos aprovechar toda su capacidad por medio de una técnica extraordinariamente sencilla y efectiva.

Si tu pensamiento y tus hábitos no están sincronizados con tus intenciones superiores, eso probablemente se deba a las conductas perjudiciales y patrones de pensamiento que se han enredado alrededor de la estructura de tu cerebro a lo largo de años de repetición. Afortunadamente, la neurociencia muestra que poseemos una capacidad sorprendente de cambiar las conexiones al interior de nuestro cerebro, y yo ofrezco la vibración de ondas cerebrales como una forma efectiva de dejar la hoja en blanco de modo que puedas comenzar a utilizar tu cerebro como realmente te propones.

La mayoría de nosotros ha estado condicionado a pensar que las respuestas a los problemas de la vida son complejas. Buscamos teorías complicadas y oscuras y el aprendizaje científico que requiere expertos con años de estudio para interpretarlas y aplicarlas. Adicionalmente, tendemos a pensar que los problemas surgen en algún lugar fuera de nosotros. Por ello también buscamos fuera de nosotros las respuestas. Escribo este libro con la esperanza sincera de que este método te ayude a descubrir que todo lo que necesitas para tener salud, felicidad y paz se encuentra en tu interior.

El nacimiento de la vibración de ondas cerebrales

He estado enseñando la vibración de ondas cerebrales durante años. Anteriormente, lo llamaba *Jin-dong*, lo cual literalmente significa "ejercicio de vibración". El propósito de este entrenamiento era abrir el sistema energético del cuerpo para obtener una mejoría en la salud. En aquellos días, el foco se encontraba en el flujo de energía a lo largo del cuerpo en el sentido más convencional de la medicina asiática tradicional. Sin embargo, a lo largo de los años, he llegado entender el papel del cerebro en este proceso. Por esa razón, el nombre de este entrenamiento es ahora *Noe-pa-jin-dong*, donde la palabra *noe-pa* significa "onda cerebral". El cerebro dirige nuestras funciones corporales, y es a través de él que tomamos las decisiones que determinan la calidad de nuestra experiencia de vida. A medida que mi entendimiento ha aumentado, he logrado ver que el cerebro es la clave para la salud mental y física.

Mi interés inicial consistía en crear la salud por medio del flujo intensificado de energía en el cuerpo. Comencé simplemente enseñando ejercicios de estiramiento en un parque. Al inicio, sólo asistió una persona: un hombre que había sufrido un infarto. Trabajé con él para estirar su cuerpo y abrir los meridianos que transportan la energía hacia todo su cuerpo. Con el paso del tiempo, logró más y más movimiento, alcanzando un grado importante de recuperación.

Conforme fui reuniendo un número grande de estudiantes trabajé en desarrollar más métodos de entrenamiento, esperando hallar los medios más sencillos para que las personas recuperaran la salud física, mental y espiritual. Los resultados incluyeron la Yoga Dahn, el DahnMuDo (una forma suave de arte marcial), la respiración Jung Choong, y otros ejercicios y técnicas de curación. Muchas de estas son muy efectivas, pero todas requieren una cierta cantidad de guía para entenderlas y practicarlas. Aún me encontraba buscando la forma más simple de curación, que inmediatamente todo mundo pudiera entender y practicar.

A medida que pasaron los años, comencé a comprender el importante papel del cerebro en el proceso de sanación. Tuve un cierto indicio de esta conexión unos años antes, cuando, en un momento de gran epifanía, repentinamente ocurrió el cambio en mi propio cerebro. Era como si mi cabeza estuviera a punto de explotar, y luego, de pronto, todo parecía claro y un inamovible sentido de paz y unidad me sobrecogió.

Asimismo, conforme trabajé con varios estudiantes, pude ver que el cambio mental era muy importante para mejorar el estado general de salud. La yoga y otras formas de ejercicio podían producir buenos resultados, pero los efectos siempre eran temporales si no ocurrían cambios más fundamentales en la mente, y, más específicamente, en el cerebro. Así fue como desarrollé el método de Entrenamiento Sistémico de Educación Cerebral, el cual reúne diversos métodos de entrenamiento en una forma cohesionada (véase página 209). El entrenamiento en vibración de ondas cerebrales, como todas las demás formas de Educación Cerebral, se enfoca en el cerebro, pues este órgano determina mucha de la calidad de nuestra vida. Está destinado a ayudarte a crear una mayor salud, felicidad y paz —los tres elementos básicos necesarios para la creación de una vida humana exitosa— por medio del manejo apropiado de tu cerebro.

El entrenamiento en vibración de ondas cerebrales constituye una de las formas más sencillas de Educación Cerebral, y también una de las más efectivas. Se centra en la parte más básica del cerebro, el tallo cerebral, porque éste también es la parte que gobierna las funciones corporales y dirige la respuesta ante el estrés dentro de tu cuerpo. En sus movimientos rítmicos, la vibración de ondas cerebrales se convierte en una especie de meditación, pues tu mente pensante se aleja y tu tallo cerebral se pone a trabajar regresando tu cuerpo a un estado de equilibrio. Y, lo mejor de todo, puede aprenderse de forma instantánea y requiere muy pocas instrucciones.

La fuente de milagros

El entrenamiento en vibración de ondas cerebrales trata sobre la libertad, sobre liberar tu cuerpo y tu cerebro para que trabajen como siempre debieron haber trabajado. La vida debería ser libre y orgánica, pero con frecuencia suprimimos las capacidades naturales de nuestro cerebro a través del estrés y las emociones que normalmente sentimos. Cada criatura viva posee una capacidad curativa natural, la cual es, en esencia, la capacidad de restablecer nuestro cuerpo al equilibrio. El hecho de que más del 85 por ciento de las personas en la actualidad sufran enfermedades relacionadas con el estrés sugiere que no estamos utilizando plenamente esta capacidad innata para curar.

El entrenamiento en vibración de ondas cerebrales ayuda a volver a despertar tus capacidades sanadores naturales al activar tu tallo cerebral. Éste es de importancia fundamental para tu salud porque es el área de tu cerebro que controla la respiración, la frecuencia cardiaca, la respuesta ante el estrés, y todas las muchas funciones automáticas del cuerpo.

En un sentido, el entrenamiento te ayuda a integrar la neocorteza con tu tallo cerebral. Si estás bajo estrés continuo es probable que tu tallo cerebral no pueda crear equilibrio en tu cuerpo. La neocorteza, que es la parte pensante de tu cerebro, continuamente envía mensajes a tu tallo cerebral que te mantienen en un estado de "pelea o huye". Por ejemplo, tu mente pensante puede generar continuamente mensajes como: "no estás a la altura de la competencia" o "no estás siendo un padre responsable". Al escuchar la alarma generada por tu cerebro, tu sistema nervioso parasimpático pone tu cuerpo en el estado de "pelea o huye", el cual incrementa tu frecuencia cardiaca, trae tensión a tus músculos y genera una gran cantidad de efectos corporales.

El sistema nervioso parasimpático también está ahí, esperando poder regresar al cuerpo al estado de "descansa y digiere", pero si no puedes aprender a aquietar los mensajes de alarma de la neocorteza, te quedarás en un estado casi constante de estrés. Al final, la respuesta ante el estrés crea gran desgaste en el cuerpo, y surgen muchos problemas relacionados con el estrés precisamente porque al tallo cerebral jamás se le da la oportunidad de crear equilibrio en el cuerpo.

Entonces, ¿evitas este ciclo vicioso? Simplemente deja que el tallo cerebral lleve a cabo su trabajo. Si tu neocorteza constantemente está creando mensajes negativos acerca de la vida y el mundo en general, tu tallo cerebral seguirá generando una respuesta negativa para tu cuerpo. El entrenamiento en vibración de ondas cerebrales puede ayudarte a calmar tu mente pensante y a limpiar esta información negativa de modo que conscientemente puedas escoger información positiva y saludable.

Si acudes a este libro buscando curarte del estrés u otras dificultades físicas, este libro tiene algo que ofrecerte. Si vienes plagado de emociones negativas, como enojo o depresión, este libro tiene algo que ofrecerte. Si sencillamente vienes buscando formas de darle un mayor significado a tu vida, este libro tiene algo que ofrecerte.

Considero que la vibración de ondas cerebrales puede ayudarte a crear milagros en tu vida. Probablemente no te enseñaron cuando eras niño a darte cuenta de la criatura maravillosa que eres en realidad porque a tus padres tampoco les enseñaron esta verdad importante. Si aprendes algo de este libro, espero que logres comprender tu poder inherente, el poder contenido dentro de tu cerebro. La técnica no te hace nada, excepto ayudarte a encender la capacidad curativa de tu cuerpo. Si puedes descubrirlo, creo que puedes descubrir un milagro; porque, en verdad, crear un milagro es simplemente cuestión de regresar a ser quien ya eres.

El gran salto hacia delante

Creo que en este momento nos encontramos al borde de un gran salto hacia delante en la conciencia humana. Se dice que la necesidad es la madre de los inventos; pues bien, también podrías decir que la necesidad es la madre de la conciencia en evolución. La raza humana, y la Tierra en la que vivimos, están contra la pared. En este punto, es una cuestión de evolucionar o morir.

Hoy en día muchísimas personas ya han aceptado sus limitaciones como permanentes, observan su vida y dicen: "Este es mi máximo. Este es un nivel suficientemente bueno".

Simplemente llevan a cabo de forma ciega y vacía una sucesión de rutinas y obligaciones sociales. Miran los problemas del mundo y dicen: "No hay nada que yo pueda hacer". Estos son los sonámbulos de la humanidad. A menos que puedan despertar y se percaten de su verdadero potencial, ya están, en esencia, muertos. Negar el propio poder infinito es una de las más grandes fuentes de miseria en el mundo, y muchas personas están trágicamente atrapadas en la trampa de creer en versiones truncadas y disminuidas de sí mismas.

Algunas veces, puede en verdad parecerte como si el mundo estuviera en una espiral descendente. Y, de hecho, no tenemos la seguridad de que finalmente tomaremos las decisiones correctas para asegurar nuestra supervivencia colectiva. Sin embargo, podemos tener mucha esperanza. La humanidad está despertando.

Yo sé que tú no eres uno de los sonámbulos; estás caminando hacia arriba y puedes ver la belleza vibrante del mundo a tu alrededor, un mundo al que estás unido, un mundo que también puedes ayudar a crear. Sin embargo, no puedes sentarte en tus laureles preguntándote qué hacer con tu día. Levántate y comienza a crear tu mundo. Tu vida es como un día que pasa rápidamente. Debes levantarte y sacar el máximo de todo lo que ofrece.

Están surgiendo muchos maestros y visionarios para ayudarnos a salir de nuestro estado somnoliento de existencia. Espero que puedas aceptarme entre estos como tu maestro, pues esa es la razón por la que te traigo este libro. Deseo estar entre ellos como un maestro que, junto con tu propia experiencia, te guíe hacia la sabiduría que ya posees en tu interior.

Podríamos decir que está surgiendo un mensaje central: **eres más poderoso de lo que piensas.** El éxito notable de la película de *El secreto* muestra, finalmente, qué tan lista está la humanidad para escuchar este mensaje. La trampa será que logremos superar nuestro propio pensamiento limitante, el cual comúnmente bloquea la expresión de este sorprendente poder que tenemos.

Estoy aquí para enseñarte la vibración de ondas cerebrales, la cual tiene como finalidad revelar un hecho simple: todo lo que necesitas ya está en tu interior.

PARTE I

Principio

Capítulo 1
La vida es vibración

Las personas dicen que todo lo que buscamos es una vida con significado [...] Pienso que lo que en realidad buscamos es una experiencia que nos diga que estamos vivos, de modo que nuestras experiencias de vida en el plano meramente físico tengan resonancia en lo más profundo de nuestro ser y realidad, y así podamos sentir el éxtasis de estar vivos.

—Joseph Campbell, mitólogo

Eres un ser diseñado para percibir la vibración. Todos tus sentidos están conformados para recolectar por medio de la vibración distintas clases de información a partir del mundo que te rodea. Cuando miras algo tus ojos están recibiendo y procesando las ondas luminosas según aparecen a manera de forma y color. Cuando escuchas, tus oídos conducen las vibraciones del sonido, las cuales traduce tu cerebro en interpretaciones coherentes de la realidad. Cuando ciertas oscilaciones y combinaciones de sonido resultan especialmente agradables, las llamas música; cuando el sonido de las palabras te conmueve, lo llamas poesía. Cuando tocas algo, percibes la danza de moléculas debajo de tus dedos: algunas se mueven rápidamente y son calientes; otras son lentas y frías. Cuando pasas tus dedos sobre la superficie de un objeto las vibraciones informan a los nervios periféricos que se encuentran justo debajo de la superficie de la piel, ayudándote a tener un juicio sobre la forma, el tamaño y la textura. Incluso cuando hueles y pruebas, la experiencia depende del intercambio vibratorio de moléculas que interactúan con tu propia naturaleza molecular.

Sin embargo, con frecuencia no nos damos cuenta de que también somos criaturas que producimos vibraciones. Por supuesto, podemos cantar y hablar con nuestra voz, que son formas de crear vibraciones de sonido, pero existe otra clase de vibración que no puede ser tan fácilmente percibida con los cinco sentidos. Se trata de una forma especialmente poderosa de vibración a la cual llamamos pensamiento. Aunque muchas veces no podemos percibir el pensamiento como algo real del mismo modo en el que un objeto es real, el pensamiento es, de hecho, lo más real y poderoso que existe en el universo.

Cada logro de la humanidad —desde las pinturas prehistóricas en las paredes de las cuevas hasta los cohetes que irrumpen en el espacio exterior— comenzó con un pensamiento concebido en el cerebro de alguien. Comunicamos estos pensamientos al mundo también a través de la vibración: por medio de las palabras que pronunciamos, la forma como tocamos y las acciones que llevamos a cabo. Cuando estos pensamientos concuerdan con los pensamientos de otras personas, suceden cosas verdaderamente sorprendentes e incluso planetas enteros pueden ser transformados, algunas veces para bien, y otras, para mal.

Existe un elemento clave en toda esta comunicación vibratoria. Es el responsable tanto de recibir como de producir las vibraciones que moldean la calidad y contenido de nuestra vida. Se trata del cerebro humano.

Resonancia cerebral

Tus cinco sentidos, en su totalidad, dependen de los mensajes en la forma de vibraciones que llegan a tu cerebro. No obstante, puedes tener otro sentido más del cual estás menos consciente. Has percibido este sentido si alguna vez alguien influyó en tu estado de ánimo. Quizá te encontrabas en un ánimo persistentemente sombrío, y, de repente, una persona alegre te sacó de tu nube. O tal vez ocurrió lo opuesto, y el enojo interno de alguien contribuyó a que creciera tu propio sentido de irritación.

Este fenómeno surge a partir de la tendencia del cerebro a resonar en concordancia con otros cerebros. Ya sabes que tu cerebro produce vibraciones que reciben el nombre de ondas cerebrales. Esto no puede observarse directamente, pero creo que estas ondas cerebrales literalmente interactúan con otros cerebros cuando interactuamos con las personas. Así pues, podemos producir un efecto en otras personas, y ellas producen un efecto en nosotros, incluso antes de haber pronunciado una palabra. Y, por supuesto, nuestras palabras y acciones ocasionales en el mundo también seguirán los dictados de estas ondas.

Pienso que puedes comenzar a ver por qué pongo semejante énfasis en la salud de las ondas cerebrales humanas. Estas ondas determinan de forma importante la calidad de nuestra vida, y podríamos hacer mucho para cambiar nuestra vida si tan solo aprendiéramos a controlar nuestras ondas cerebrales. Imagina, por ejemplo, a un padre joven que llega a casa después de un largo y difícil día de trabajo. Su jornada ha estado llena de conflictos y disgustos, y su cerebro está emanando las emociones esperadas: enojo, resentimiento, molestia.

Esta historia puede terminar de dos maneras. O bien él cambia sus ondas cerebrales antes de entrar por la puerta y así todo estará bien, o bien llevar la negatividad a su casa. No tengo que decirte el final triste de esta historia, se desarrolla de manera típica: es un escenario sumamente común. Cuando sus hijos lo saludan, él puede poner todo su esfuerzo para vestirse con una fachada de amor paternal, pero si aún está transmitiendo ondas cerebrales dañinas, su afecto será hueco; y sus hijos, que son sumamente sensibles y están abiertos, como está el cerebro de todos los niños, sentirán la negatividad que resuena desde el cerebro del padre. El cerebro de los niños queda, a su vez, afectado, y con el paso del tiempo pueden resultar dañados ellos y las relaciones de la familia en general.

Algunas personas, quizá por medio de sus rasgos naturales de personalidad o por medio del ejemplo de padres o modelos muy positivos, ya han aprendido a controlar sus ondas cerebrales, al menos en un cierto grado. Pueden redirigir de forma instantánea su mente hacia una dirección positiva, sin importar cuán terrible sea la situación. Sin embargo, la mayoría de nosotros no poseemos un grado muy alto de control sobre nuestras ondas cerebrales, por lo cual nos es necesaria alguna herramienta, como la vibración de ondas cerebrales, que nos ayude a sacudirnos las cargas de la vida.

Imagina si este mismo padre joven hubiera tenido un método sencillo que le ayudara a lo largo de su día. Imagina que se hubiera tomado unos momentos durante el día para sentir los ritmos de su cuerpo, como lo hiciste al inicio de este libro. Con cada frustración que se presentara se habría detenido unos instantes para regresar a un lugar neutral en lugar de simplemente acumular una pila de tensiones y estrés que lleva a su casa en la noche.

Estoy seguro que no resulta difícil ver cómo la calidad de nuestras ondas cerebrales afecta la calidad de nuestra vida. Si puedes tener el control de tus ondas cerebrales, también puedes vencer muchos obstáculos en tu vida. Estoy aquí para enseñarte que tienes más control sobre tus ondas cerebrales de lo que te imaginas, y la vibración de ondas cerebrales es una forma sencilla mediante la cual puedes ejercer dicho control.

El lenguaje de la vida

Si tus ondas cerebrales pueden tener un efecto tan drástico sobre otras personas, ¡imagina la clase de efecto que tiene tu cerebro sobre tu cuerpo! Tu cerebro está en comunicación constante con los diversos órganos y procesos de tu cuerpo. Aunque no conocemos con precisión el papel que desempeñan las ondas cerebrales en este proceso, parece lógico que las ondas cerebrales saludables pueden producir un cuerpo saludable.

De hecho, la ciencia médica está cada vez más dispuesta a reconocer la conexión entre la mente y el cuerpo. Resulta claro que nuestras actitudes y emociones pueden afectar nuestra salud general, pero ¿cómo están conectados nuestro cuerpo y nuestra mente?

Yo creo que todos los sistemas del cuerpo están conectados por medio de un sistema de canales de energía. Las culturas en todo el mundo han percibido que existe semejante elemento y le han dado distintos nombres. Los habitantes de las islas del Pacífico lo llaman *mana*; los aborígenes australianos le dan el nombre de *joja*, los hindúes lo conocen como *prana*. Los nativos norteamericanos le han asignado diferentes nombres: *maxpe* (indios crow), *waken* (indios dakota), *manitou* (indios algonquin), por mencionar algunos. En las culturas asiáticas se conoce como *chi*, *qui* o *ki*.

Puedes sentir esta energía con solo aquietar tu mente. Cierra los ojos por unos segundos; respira profundamente, y simplemente siente la esencia de tu ser, sin ningún pensamiento o juicio al respecto. ¿Puedes sentir cómo las vibraciones recorren la superficie de tu piel? ¿Puedes sentir cómo emanan del interior de tu ser? Esa es tu vibración: la vibración de la vida, la vibración del universo.

La ciencia, que tiende a rechazar aquello que no puede observarse de manera directa, por lo regular desecha la noción de la energía vital al considerarlo algo supersticioso e irracional. Sin embargo, en el pasado muchos científicos buscaron pruebas de lo que ellos llamaban *élan vital*, una fuerza vital invisible que da vida a las criaturas vivas. Al no poder encontrar dichas pruebas, los científicos tienen la tendencia a preferir un entendimiento más mecanicista de la vida, y rechazan este concepto.

No obstante, no saben que existe una forma medible de energía que tiene un papel en el cuerpo: la bioelectricidad. La bioelectricidad es el lenguaje que usa el cerebro para comunicarse con todos los órganos del cuerpo, diciéndoles cuándo entrar en acción, cuándo acelerarse, y cuándo disminuir el ritmo. Las señales son enviadas por el sistema nervioso vía las fibras nerviosas, que indican innumerables procesos biológicos, desde los movimientos musculares hasta las funciones de los órganos.

Aún más, sabemos concretamente que el cerebro transmite su propio tipo de energía, llamado ondas cerebrales, las cuales se asocian con diversos estados de conciencia. Resulta interesante que ahora es la ausencia de estas ondas, y no que el corazón deje de latir, lo que indica la muerte clínica.

Tipos de ondas cerebrales

DELTA	2-3.9 Hz	Sueño profundo, inconsciencia
THETA	4-7.9 Hz	Meditación profunda, sueño
ALFA	8-12.9 Hz	Relajación, meditación
BETA	13-30 Hz	Actividad diaria
GAMA	30+ Hz	Excitación, estado emocional intenso

Los partidarios de la salud natural están de acuerdo en que pasamos demasiado tiempo en las ondas superiores de frecuencia beta y gama, y muy poco tiempo en las ondas inferiores de frecuencia. Las ondas superiores de frecuencia se asocian con estados de estrés, los cuales, a su vez, se relacionan con muchos desórdenes mentales y físicos.

Afortunadamente, las personas pueden aprender a controlar sus estados de ondas cerebrales para mejorar su salud mental y física. Eugene Peniston y Paul Kulkosky han mostrado que la bioretroalimentación, un método mediante el cual las personas son entrenadas para controlar diversas funciones biológicas, puede usarse para ayudar a que venzan su adicción quienes sufren de alcoholismo. Por medio de la bioretroalimentación, estos individuos pudieron aumentar las ondas cerebrales inferiores alfa y theta, que se asocian con un estado mental de paz y meditación, al tiempo que controlaban sus ondas superiores de frecuencia beta. Esta capacidad dio como resultado en ellos menos depresión y menos ansiedad por ingerir alcohol.

De hecho, uno de mis estudiantes es investigador en el área de la bioretroalimentación, y se especializa en medir la actividad cerebral a través de máquinas de electroencefalograma. Él era muy escéptico con respecto a los beneficios atribuidos a la vibración de ondas cerebrales, como muchos científicos pudieran ser. Sin embargo, la probó de todos modos porque sufría de una serie de enfermedades y quería encontrar un ejercicio rápido para aliviar el estrés que pudiera acoplarse a sus horarios. Después de una semana de práctica, su concentración mejoró, sus dolores de cabeza desaparecieron, y su dolor de hombros cedió. Ahora está completamente convencido de que las ondas cerebrales pueden ser influenciadas a través del movimiento del cuerpo.

También queda claro que incluso la clase de pensamientos que tenemos puede afectar nuestra salud física. El efecto de la mente sobre el cuerpo fue demostrado por los científicos hace más de cien años. En un experimento, los científicos mostraron flores artificiales a personas altamente alérgicas. Casi invariablemente, cuando vieron las flores tuvieron reacciones alérgicas (Sapolsky). Durante siglos los médicos han observado el efecto placebo, en el cual las creencias de un paciente sobre una medicina determinada pueden producir un efecto tan curativo como la medicina misma. Parece lógico, entonces, que toda clase de pensamientos y creencias negativas pueden tener un efecto dañino sobre el cuerpo y que los pensamientos positivos pueden coadyuvar en el proceso de curación.

En una ocasión, tuve un estudiante que tenía un club de videojuegos. Se enojaba fácilmente y constantemente se molestaba con los niños que asistían a su club. Este enojo inundó cada parte de su vida. Su cuerpo se tensó mucho, y, finalmente, aparecieron una serie de ampollas en su piel. Preocupado por su salud, fue a un centro de Yoga Dahn y comenzó a practicar la vibración de ondas cerebrales junto con la clase regular de Yoga Dahn.

Después de sólo diez sesiones, las ampollas desaparecieron y su mentalidad cambió totalmente. No sólo se llevó mejor con sus pequeños clientes, sino que de repente se sintió motivado a enseñar a los niños técnicas de Educación Cerebral en un programa especial extraescolar. Este hombre aprendió a revertir sus ondas cerebrales negativas, y el efecto sobre él y sobre quienes lo rodeaban resultó casi milagroso.

En beneficio de tu propia salud y felicidad, así como de la de muchas personas que te rodean, por favor pon atención a la calidad de tus pensamientos. Las personas pasan muchas horas moldeando su cuerpo por medio de levantamiento de pesas, ejercicios aeróbicos, y otras actividades atléticas. Considero que las personas deberían prestar la misma atención a la salud de sus ondas cerebrales. Pienso que detrás de casi cada enfermedad y cada problema en las relaciones se encuentra algún hábito relacionado con ondas cerebrales dañinas. Las ondas cerebrales más sanas se traducen en estados emocionales más sanos, los cuales, a su vez, crean cuerpos más fortalecidos y vidas más felices.

Cerrar el círculo

Los chamanes del pasado, y quizá aquellos que existen en el presente, eran, esencialmente doctores de ondas cerebrales. No tenían el entendimiento científico de las ondas cerebrales que nosotros poseemos, pero queda claro que su sistema de curación estaba diseñado para estimular el poder sanador que procede del interior del individuo enfermo. Con frecuencia esto implicaba sacudir vigorosamente el cuerpo o danzar frenéticamente hasta que se lograba un estado de trance profundo.

Michael Winkelman, un neurocientífico de la Universidad del Estado de Arizona que investiga las prácticas shamánicas, concluye que estas actividades de sanación trabajan integrando partes más antiguas (es decir, el tallo cerebral) y más jóvenes (es decir, la corteza prefrontal) del cerebro. Dice: "Las prácticas shamanísticas sanadoras logran esta integración al estimular físicamente patrones sistemáticos de descarga de ondas cerebrales". Continúa diciendo que esta integración permite "que las funciones y conductos de procesamiento de información primaria inconsciente o preconsciente se integren en operaciones de la corteza frontal". En otras palabras, la parte racional y consciente del cerebro puede armonizar con el tallo cerebral, la parte del cerebro que dicta las operaciones subconscientes del cuerpo.

En tiempos recientes la vibración se ha vuelto popular como un medio para desarrollar la densidad ósea en personas mayores. Estando de pie en una plataforma oscilatoria las personas que de otra forma se encontraban limitadas en cuanto a su movilidad pueden lograr efectos similares a los alcanzados por medio del ejercicio físico vigoroso (Olaf).

En otro estudio de la Universidad de Boston, a los hombres mayores se les proporcionaron plantillas vibratorias para sus zapatos. Los investigadores encontraron que el equilibrio en estos hombres mejoró y las caídas accidentales disminuyeron muy por debajo de la tasa normal. Los investigadores tienen la teoría de que las vibraciones mejoraron la transmisión de señales del sistema nervioso de los pies al cerebro (Marion).

No es un salto demasiado grande suponer que la comunicación cerebro-cuerpo podría mejorarse en todo tu cuerpo si se aplicaran vibraciones a todo lo largo de él, como en la vibración de ondas cerebrales. Parece que estamos regresando a una comprensión que nuestros ancestros tenían instintivamente.

Yo experimenté por primera vez el poder de la vibración a través de mi propia curación física. Hace unos años tuve una caída muy fuerte de un caballo y me lastimé gravemente la columna. Los doctores me dijeron que no me moviera, que simplemente descansara en la cama. Esto no me parecía nada bien porque yo sabía que la energía no se podría mover de manera apropiada en mi cuerpo si simplemente yacía ahí, completamente inmóvil. Así pues, decidí realizar movimientos sutiles sacudiendo mi columna y, eventualmente, el resto de mi cuerpo. Esto mantuvo mi energía en movimiento, y mi recuperación fue mucho más rápida de lo que cualquiera hubiera esperado.

Pronto, mucho más pronto de lo que cualquiera pensó posible, yo ya estaba de pie y caminando. A medida que di mis primeros pasos débiles estuve plenamente consciente de los efectos de la vibración en mi cuerpo. Lo que antes había parecido un horrible accidente ahora se veía como una gran bendición; el proceso doloroso de curación parecía haber agudizado mi capacidad de percibir y entender la naturaleza de la vibración en mi cuerpo.

Conforme me enseñé a volver a caminar, descubrí que aun los ajustes más pequeños en la posición corporal pueden marcar una gran diferencia en la forma como las vibraciones fluyen a lo largo de nuestro cuerpo. Mientras ajustaba mi modo de andar y mi postura para un beneficio máximo de curación, corregí los malos hábitos en los cuales había incurrido mucho antes de que ocurriera el accidente. Resultó ser que había estado caminando como un hombre anciano durante mucho tiempo sin notarlo. Comencé a observar cómo caminan las personas y observé que, en su mayor parte, la gente más joven camina con brío, y de esa forma se utiliza plenamente la energía vibratoria en el cuerpo. Por otra parte, las personas mayores tienden a tomar una postura al caminar que estanca las vibraciones naturales de la caminata, comprometiendo, finalmente, su vitalidad energética.

Mi propio proceso de curación llevó a la creación de un método llamado Caminata *Jang-saeng* (véase página 154), la cual utiliza una alineación apropiada del cuerpo y la estimulación del punto de energía *Yong-chun* en la bola del pie. Numerosos estudios ya han confirmado los beneficios de la caminata en la salud, y considero que parte de la curación procede de las vibraciones inherentes al acto de caminar. La Caminata *Jang-saeng* tiene como propósito acentuar aún más los atributos saludables de esta actividad. A medida que cada paso entra en contacto con la Tierra, las vibraciones recorren nuestro cuerpo, abriéndonos a la energía sanadora que nuestro cuerpo proporciona. El cuerpo humano está diseñado para caminar, y es una lástima que la vida moderna ofrezca cada vez menos oportunidades para este método natural de curación. Caminar, igual que las vibraciones que produce, forma parte de la sabiduría natural del cuerpo humano, y quizá es la forma más natural de la vibración de ondas cerebrales.

Regresa a la sabiduría hace tiempo perdida

Bradford Keeney ha viajado por el mundo buscando comprender las costumbres primitivas de sanación. Su conclusión, como la mía, es que la curación puede encontrarse por medio de la vibración, a la cual se refiere como "medicina de movimiento".

Con su trabajo, Keeney ha observado un elemento común entre las muchas prácticas antiguas nativas de curación.

Todas ellas se basan en el logro de un estado de relajación profunda, el cual se asocia con ondas cerebrales de baja frecuencia. Este estado también puede desarrollarse por medio de la práctica de la meditación, la cual usualmente se logra a través de un aquietamiento completo de la mente y el cuerpo, pero en las culturas más primitivas este mismo estado de relajación se alcanza a través del movimiento eufórico, como bailar y sacudirse, y no a través de la quietud física.

Keeney formula la hipótesis de que este estado de relajación profunda es lo que permite a la persona experimentar efectos curativos. La mente pensante se aquieta, permitiendo que los poderes sanadores del tallo cerebral hagan su efecto. Yo argumentaría que un estado similar de relajación profunda se logra a través de la vibración de ondas cerebrales.

La diferencia esencial entre el enfoque psiquiátrico con respecto a un problema espiritual y el enfoque shamánico consiste en que el primero trata de resolver el problema a través de la comprensión racional, mientras que el segundo acepta la naturaleza inefable de la existencia humana. La psicología moderna ha desarrollado muchas formas útiles de analizar minuciosamente un problema y definirlo. Las tradiciones shamánicas, por otro lado, aceptan que dentro de cada persona existe un universo vasto e incomprensible, y que la comprensión absoluta es una meta imposible. Esa es la razón, según Keeney lo describe, por la cual las culturas primitivas dirigían a la persona hacia el misterio de la vida, en lugar de evitarlo a través del entendimiento racional de las cosas.

Se me ha dicho que la palabra *heal* (sanar) en inglés se deriva de una palabra que significa "hacer íntegro". Yo creo que la vibración de ondas cerebrales ofrece esta clase de integridad a quienes la practican. Es bueno buscar una comprensión racional de los problemas que te aquejan, pero, finalmente, necesitarás ir más allá de lo racional para realmente entrar en contacto con la vastedad de tu ser. Dentro de esa vastedad descubrirás que la sabiduría eterna y la curación siempre han sido tuyas, desde el inicio de los tiempos.

Conectarse

En esencia, la vibración de ondas cerebrales tiene que ver con conectarte. Si careces de salud en cualquier forma, ya sea en lo mental, lo espiritual o lo físico, o si simplemente estás interesado en mantener la salud que tienes, entonces debes buscar la integridad que da paso a la salud. Y esto, creo, significa mantenerte conectado contigo mismo, con otros seres y con el universo.

En primer lugar, debes reconectarte con tu cuerpo. Deja que tu cerebro se conecte apropiadamente con todas las funciones de tu cuerpo, un proceso que con frecuencia se ve trastocado en el devenir estresante de nuestra vida. Visualiza la impresionante red de comunicación viva que existe en tu interior: tu cerebro enviando mensajes a tu cuerpo y tu cuerpo enviando mensajes de regreso a tu cerebro. Envía conscientemente un mensaje de gratitud amorosa desde tu cerebro a todas las células de tu cuerpo; ellas a su vez, te lo agradecerán.

Después, comienza a observar tus propias ondas cerebrales y sus efectos sobre otras personas. Cuando hablo de conectarte con otros, date cuenta de la verdad literal que esto implica, y pronto podrás actuar de acuerdo con tus ideales y aspiraciones más elevadas.

Cuando comiences con la vibración de ondas cerebrales es importante que lo hagas con una intención muy específica y positiva. Sin ello, la acción consistirá sólo en moverte, lo cual te brindará una relajación y un escape temporal, pero no será permanente. En lugar de eso, al moverte, deja ir todo y entra a un lugar de unidad, al centro silencioso en el núcleo de tu ser. Es desde este lugar que puedes comenzar a recrearte y crear la vida que realmente deseas vivir.

Capítulo 2
Escucha el ritmo de la vida

La música, debido a sus poderes específicos y de largo alcance, puede nombrar lo innombrable y comunicar lo desconocido.

—Leonard Bernstein, compositor

Si realmente deseas cambiar tus ondas cerebrales, un buen punto para comenzar es con una canción. Piensa durante un momento en el efecto que la música ha tenido sobre ti en el pasado. Estoy seguro que te has dado cuenta cómo tu estado de ánimo repentinamente se eleva cuando escuchas una canción alegre en la radio. Quizá las canciones de tu juventud tienen el poder de transportarte de regreso a un lugar más sencillo en el tiempo. O quizá te ha conmovido hasta las lágrimas una gran sinfonía.

Incluso tal vez hayas notado que la música puede tener un efecto en tu cuerpo. Inconscientemente tus pies comienzan a moverse o tu cabeza comienza a balancearse arriba y abajo al ritmo de la música. De manera ocasional, en algún momento cuando te sientes liberado de la necesidad de mantener el decoro personal, te sueltas y comienzas a bailar por toda la habitación. Estos son momentos mágicos, breves segmentos del tiempo durante los cuales eres transportado más allá de los límites de tu cuerpo hacia un mundo mucho más extenso y universal de ritmo y movimiento.

En realidad, cuando respondes ante una pieza de música, nada cambia en el mundo que te rodea. ¿Respondes a una melodía alegre con una sonrisa porque esa canción de alguna forma solucionó todos tus problemas? Por supuesto que no. Tu condición de vida sigue siendo la misma, con o sin la canción. Pero algo cambió —algo dentro de tu cerebro— que permitió que tu perspectiva sobre la vida cambiara también.

Baila con energía

¿Sabías que soy músico? No he recibido entrenamiento a la manera usual, pero con frecuencia toco instrumentos durante mis charlas, incluyendo flautas, ocarinas, gongs, campanillas y otras clases de instrumentos tradicionales.

Cuando toco no sigo ninguna partitura, simplemente lo que viene a mí de forma natural por medio del flujo de energía. Durante la experiencia soy transportado y espero que la audiencia lo haga conmigo y entre en el movimiento de la música misma. Aún si supiera leer música, no lo haría durante las charlas. Si tuviera una pieza musical delante de mí, parte de mi conciencia estaría en la página impresa, no en la vibración pura de cada nota individual cuando es tocada. El objetivo de estas demostraciones consiste en que uno se pierda en la música, dejando ir todo pensamiento y juicio.

Me gusta demostrar esto a las personas porque también muestra cómo vivir en armonía con el flujo de la vida, dejando que cada nota venga como desee, sin resistencia ni juicio. Para mí la diferencia entre los grandes músicos y los ordinarios radica no en cómo tocan la música sino en cómo juegan *con* la música. De la misma forma debemos aprender a jugar con la realidad de nuestra vida, viviendo completamente en el flujo y ritmo de cada momento, en lugar de tratar de tocarla de acuerdo con los conceptos previos y restricciones del pasado.

Hace muchos años desarrollé un método de entrenamiento llamado *Dahn-mu* cuyo propósito es abrir a las personas completamente a esta clase de ritmo universal. La palabra *dahn* se refiere a la energía básica y vital de la vida, y *mu* significa "baile"; así pues, en español podría llamarse "danza energética". En esta práctica, que es una forma de vibración de ondas cerebrales, se nos anima a dejar ir todas las limitaciones y a seguir simplemente la energía del momento, dejando que el flujo de la energía mueva tu cuerpo a voluntad.

Casualmente, la palabra *mu* puede también traducirse como "la nada". El estado de *mu*, o de no ser nada, se logra durante la vibración de ondas cerebrales cuando la mente está verdaderamente vacía de cualquier pensamiento y puedes simplemente seguir los ritmos de la vida sin dudar. En este punto los límites de tu cuerpo dejan de existir y puedes experimentar un sentido profundo de unidad; primero con los ritmos de tu propio cuerpo y, finalmente, con los ritmos universales de toda la vida a medida que tu sentido de separación se desvanece.

A través de esta clase de danza energética descubrirás que tu cuerpo se mueve justo de la forma como necesita moverse. Tu cuerpo encontrará movimientos y estiramientos que abrirán el flujo de energía en tu cuerpo de la manera correcta. Todo tu cuerpo, la columna vertebral y todos los nervios periféricos, todos los vasos sanguíneos y todos los músculos, se moverán al unísono con tus propios ritmos internos. De esta forma te conviertes en el instructor de yoga personal de tu cuerpo, creando movimientos que se acoplan de manera exacta a las necesidades del momento de tu cuerpo. Cada parte de él se abrirá a la energía vital curativa.

Considero que existe un paralelismo directo entre la condición de tu cuerpo y la condición de tu cerebro. Cuando liberas la rigidez de tu cuerpo también estás creando flexibilidad en tu cerebro. De esta forma te convertirás en el sanador instintivo y espontaneo de tu propio cuerpo y tu mente.

La conciencia de la música

La música misma tiene su propio nivel de conciencia, y, así, puede ejercer un efecto en la conciencia del escucha. David Hawkins, el hombre que creó el Mapa de la Conciencia (página 99), probó distintos géneros de música y descubrió que todos poseen un cierto nivel de conciencia. Por ejemplo, la música clásica como un todo calibrado en un nivel superior, en comparación con la música country y la música country en general, calibrado en un nivel más alto que el rap.

Los adolescentes jóvenes entienden esto de forma instintiva, y por eso con frecuencia buscan definirse por medio de asociaciones con ciertos estilos musicales. Desafortunadamente la música que buscan no siempre es la que los eleva a estados superiores; con más frecuencia son atraídos hacia música que resuena con su estado actual de conciencia. Tal y como son atraídos otros chicos con niveles similares de conciencia, son atraídos a música que resuena con sus patrones de ondas cerebrales actuales. En otras palabras, un adolescente oscuro y que se deja llevar por la angustia probablemente se ve atraído a una música de tema similar, mientras un tipo más despreocupado puede estar más inclinado a los tonos animados. Lo mismo se aplica a los adultos, aún si de alguna forma es menos obvio.

Puedes ver el efecto de la música a lo largo de toda la historia de la humanidad. Es un elemento que aparece en cada cultura humana y, por ello, con frecuencia se le llama "el idioma universal". La música claramente posee la capacidad asombrosa de transformar la conciencia humana. Esto resulta evidente en el hecho de que la música forma parte integral de casi todas las prácticas espirituales en el planeta. También tiene el poder de transformar culturas.

Un ejemplo relativamente reciente es el *rock and roll*, que trajo consigo cambios sociales drásticos. En ese tiempo, las personas que apoyaban el *status quo* reaccionaron enérgicamente en contra de la música, percibiendo el poder inherente, casi primitivo, que contiene. En un sentido, la vibración de ondas cerebrales trabaja de forma muy parecida a música como esta, pues sus ritmos abren la mente a nuevas experiencias e ideas.

El poder curativo del ritmo

La vibración de ondas cerebrales es un método de entrenamiento rítmico; comienzas moviendo tu cuerpo al ritmo de la música y desde ahí la sensación se expande a medida que encuentras el ritmo natural de tu cuerpo. Hasta cierto punto podrías decir que estás calibrando tu cerebro para que vuelva a estar en sintonía con tu cuerpo.

Las personas usan el ritmo de manera instintiva para ayudar a calmar sus propias ondas cerebrales. Cuando un bebé llora o se inquieta ¿qué hace la madre? Lo arrulla y suavemente lo balancea hasta que se calma. Nadie tiene que enseñar a la madre cómo hacerlo, lo hace de forma muy natural. Los niños también se arrullan y balancean para tranquilizarse si los padres no están en ese momento con ellos.

En Corea enseñamos a los niños el movimiento *do-ri do-ri*, que es sorprendentemente similar a la vibración de ondas cerebrales básica. El niño mece la cabeza de lado a lado y repite "Do-ri do-ri, do-ri do-ri", que se traduce como "verdad" o "principio". Como muchos senderos energéticos confluyen en el cuello, se piensa que promueven el desarrollo de los niños, especialmente el desarrollo cerebral.

Aun como adultos, tendemos a balancear nuestras rodillas y a tamborilear con nuestros dedos cuando nos sentimos estresados o nerviosos. También, cuando nos sentimos frustrados o disgustados movemos la cabeza de lado a lado. Este movimiento se hace en todo el mundo, lo cual observó Darwin hace mucho tiempo a través de sus observaciones de la expresión emocional. Yo pienso que estos movimientos son instintivos en las personas porque ayudan a calmar las ondas cerebrales de una manera muy natural. Espero que a través de los movimientos rítmicos de la vibración de ondas cerebrales comiences a aplicar estos métodos de una forma más consciente y deliberada.

El poder curativo del ritmo está quedando bastante claro. Recientemente, el uso de percusiones se ha vuelto una forma cada vez más popular de terapia. Parece ofrecer a las personas atribuladas una oportunidad de liberar emociones almacenadas y obtener un sentimiento de poder personal. Un estudio descubrió que los trabajadores que se reunían para participar en percusiones grupales obtenían un enfoque mucho más positivo sobre su trabajo y desarrollaron un sentido de comunidad con sus compañeros de trabajo. Los investigadores concluyeron que los círculos de percusiones proveían una gran liberación de estrés de los trabajadores, y que la práctica podía reducir el agotamiento en ellos de forma significativa, llevando a una reducción en la rotación de personal (Stevens).

Cuando las personas salen a un centro nocturno o escuchan lo último en canciones pop en el estéreo de su auto, están, en cierto sentido, "automedicándose" sus propias ondas cerebrales. Típicamente, estas canciones tienen ritmos muy pesados, lo cual permite que el cerebro se afiance en un estado más primitivo y pre-racional, de una forma muy parecida a la forma como la percusión tribal ayuda a producir estados subconscientes, como de trance, en las prácticas curativas primitivas. Por supuesto, los efectos no son tan drásticos, pero el ritmo constante y pesado proporciona al cerebro la oportunidad de "tranquilizarse", escapando de la constante actividad de cerebro izquierdo y de la corteza prefrontal que exige la vida moderna. Así pues, la próxima vez que veas a la persona del auto de junto balanceando su cabeza hacia arriba y hacia abajo, puedes pensar para ti: "¡Vaya! ¡Él también conoce la vibración de ondas cerebrales!"

En su libro *This is Your Brain on Music* (*Tu cerebro y la música*), el neurocientífico y músico Daniel J. Levitin discute el efecto que tiene la música sobre el cerebro humano. Apunta que la música es única en su capacidad para estimular todas las áreas del cerebro al mismo tiempo. Dice: "En la actividad musical participan casi todas las regiones del cerebro que conocemos, y casi todos los subsistemas neurales".

En mi Método de Educación Cerebral de cinco pasos, la meta del cuarto paso, Integración Cerebral, consiste en unificar las tres capas del cerebro: el tallo cerebral primitivo, el sistema límbico emocional y la neocorteza racional. Con mucha frecuencia una parte del cerebro debilita a la otra, como cuando el pensamiento racional es vencido por la emoción. La meta de la Integración Cerebral es lograr que las distintas partes del cerebro trabajen en conjunto de forma armoniosa, y no compitiendo unas con otras. Al activar distintas partes del cerebro, la música parece ser un buen paso en esa dirección, la cual puede también explicar la ventaja cognitiva que los niños que estudian música parecen tener sobre sus compañeros que no son musicales (Levitin).

Yull-yo, el ritmo de la vida

Cuando entreno a las personas en el método de vibración de ondas cerebrales, usualmente uso el *sa-mul-no-ri*, el arte tradicional de la percusión de mi natal Corea. Tiene sus raíces en aspectos muy antiguos de la cultura coreana, que se origina en los rituales de granjeros que querían asegurar el éxito de sus cosechas.

Cada uno de los cuatro instrumentos del *sa-mul-no-ri* representan una condición climática distinta: el *jang-gu*, un tambor en forma de reloj de arena, representa la lluvia; el *kkwaeng-gwa-ri*, un gong pequeño, representa al trueno; el *jing*, el más grande de dos gongs, representa el viento; y el *buk*, un bombo grande, representa las nubes. Se cree también que los instrumentos representan las voces tanto del cielo como de la tierra. El *buk* y el *jang-gu*, hechos de piel, representan los sonidos de la tierra, mientras el *jing* y el *kkwaeng-gwa-ri*, hechos de metal, representan los sonidos de los cielos. La música se compone para igualar la progresión de la naturaleza: el viento sopla, las nubes se reúnen, el trueno y el relámpago golpean y la lluvia cae. Al oir la música los escuchas quedan envueltos en el ciclo de los ritmos naturales de la tierra.

Yo pienso que esta música, como muchas otras formas tradicionales de música, posee una capacidad sobresaliente de afectar el cerebro de forma positiva. Puede ser que la música rítmica ejerza un gran efecto psicológico debido a que las primeras experiencias que percibimos con nuestro cerebro son rítmicas.

La ciencia médica ha confirmado que los niños comienzan a responder a los sonidos que los rodean desde mucho antes de nacer. Cuando te estabas desarrollando en el vientre de tu madre, tus oídos prácticamente eran los únicos órganos sensoriales que absorbían información. Tu piel podía sentir el calor del cuerpo de tu madre, pero se trataba de una temperatura consistente e invariable, y estabas suspendido en el líquido amniótico, un medio ambiente con muy poca variación de textura. Tus ojos estaban cerrados al oscuro interior del cuerpo de tu madre y tu boca no tenía alimento que probar.

Vivías solo, en un mundo oscuro donde el ritmo incesante del latido del corazón de tu madre era tu compañía constante. Esto y los sonidos de las voces de tus padres fueron los primeros estímulos para crear conexiones en tu cerebro y los primeros en comenzar a definir tu ser. Ahora, cuando escuchas el sonido rítmico de los tambores, o cuando sigues los movimientos rítmicos de la vibración de ondas cerebrales, eres transportado de regreso a un lugar de novedad y simplicidad.

La música es una parte tan consistente de la experiencia de vida que podrías decir que el ritmo es esencial para la vida. Los eruditos medievales de Europa plantearon como hipótesis que un gran sistema armónico llamado "la música de las esferas" mantenía a los planetas en su órbita y rotación apropiada. De la misma forma, creían que existía una armonía interna dentro del cuerpo humano. Esto puede parecer ingenuo para la mente científica moderna, pero en un nivel intuitivo existe una gran verdad en dicho concepto. Simplemente detente y aquiétate por unos instantes, y lo sentirás. La música es realmente una experiencia universal y el lenguaje universal.

Cuando regresas a este ritmo básico de vida regresas a lo que yo llamo el *Yull-yo*, el ritmo infinito que impregna a la vida entera y a todo el universo. Finalmente, a medida que vayas progresando en tu práctica de vibración de ondas cerebrales no deberás depender ya de tocar música en el reproductor de discos compactos. Más bien, deberías entrar a lo profundo de la hermosa armonía que forma parte de quien eres, un lugar idéntico al universo total.

Capítulo 3
El secreto del tallo cerebral

La salud es aquello que te hace sentir que el ahora es el mejor momento del año.

—Franklin Pierce Adams, columnista

Incluso cuando eras pequeño fuiste testigo del poder sanador de tu cerebro. Si te raspaste la rodilla, todos los días veías cómo tu cuerpo se reparaba a sí mismo para finalmente formar una capa de piel completamente nueva. Esta clase de fenómeno, aunque común, es realmente milagrosa.

Sin embargo, ¿qué tiene que ver todo esto con el tallo cerebral? Tu tallo cerebral es como un director oculto de la gran sinfonía que conforma los intrincados sistemas de tu cuerpo. Sin ningún tipo de dirección consciente de tu parte, envía mensajes al cuerpo, diciendo a tu corazón qué tan rápido latir, dando órdenes a tus glóbulos blancos para entrar en acción, dirigiendo a tu sistema digestivo para que se ponga a trabajar y coordinando una infinidad de funciones corporales que continuamente apoyan tu salud y bienestar.

El papel del tallo cerebral consiste, esencialmente, en mantener tu estado de equilibrio. El cuerpo está diseñado para mantener un estado consistente de salud. Podríamos decir que cualquier enfermedad prolongada representa una falta de equilibrio en el cuerpo.

Así pues, ¿por qué las cosas se descomponen a veces? En ocasiones se debe a invasores como virus y bacterias que el cuerpo no está preparado para enfrentar. No obstante, como tú sabes, este no es el escenario que la mayoría de las personas en la sociedad moderna enfrenta. La humanidad ha aprendido mucho acerca de cómo controlar a estos invasores.

La mayor parte de las enfermedades de la sociedad moderna, como probablemente ya sabes, es resultado del estilo de vida y no de alguna influencia externa. En cierto sentido, debido a las decisiones que por lo regular tomamos nos interponemos en el camino de nuestro tallo cerebral y él nunca tiene realmente la oportunidad de realizar su trabajo.

Hace mucho tiempo Hipócrates dijo: "Todos tenemos un doctor en nuestro interior; sólo necesitamos ayudarlo a llevar a cabo su labor". La vibración de ondas cerebrales es una forma de salirnos del camino para que pueda iniciar un nivel de curación más profundo.

Vivir en la era del estrés

Probablemente has oído hablar de muchas historias espantosas acerca de las condiciones de salud que hubo en el pasado: historias de plagas, hambruna y pobreza. Miramos en retrospectiva estos tiempos con una sensación de alivio porque estas dificultades ya son cosa del pasado para la mayoría de la gente, al menos para quienes viven en los países desarrollados del mundo.

Sin embargo, aun cuando hemos escapado a muchos de estos horrores, al parecer hemos inventado nuestra propia clase de epidemia, y viene totalmente por medio de nuestras decisiones. Es el azote llamado estrés.

El estrés ha sido relacionado con casi todas las enfermedades de la sociedad moderna. La lista de enfermedades asociadas es sorprendente: enfermedades del corazón, cáncer, presión arterial elevada, asma, lupus, artritis reumatoide, fibromialgia, la lista sigue y sigue. Y en la parte más alta existe una multitud de hábitos negativos asociados con la respuesta ante el estrés: actividades que las personas realizan para encontrar un alivio artificial, hábitos que lanzan al cuerpo a un mayor desequilibrio, incluyendo comer demasiado, fumar y el consumo excesivo de alcohol.

¿Por qué, si hemos podido vencer la polio, la viruela y otras enfermedades contagiosas mortales, no hemos podido acabar con el llamado estrés? La respuesta yace en la forma como nos relacionamos con el mundo desde dentro, no en cómo el mundo externo se relaciona con nosotros. Cuando un doctor controla una infección bacteriana con un antibiótico, está atacando a un invasor que vino de fuera del cuerpo, pero en el caso del estrés, los efectos son primordialmente autoinflingidos.

Sería muy bueno si simplemente pudiéramos eliminar el estrés de nuestra vida con una píldora, pero ese no es el caso. Tampoco es probable que llegues a un punto donde hayas arreglado todos tus problemas y no tengas situaciones desafiantes que enfrentar. Puedes decir que las personas o los acontecimientos en tu vida son estresantes, pero en realidad el estrés es algo que tú generas dentro de tu propia mente. Controlar los efectos del estrés requerirá que te comprendas mejor, no que cambies tu medio ambiente externo.

Piensa, por ejemplo, en dos hombres jóvenes van a presentar el mismo examen de ingreso a la universidad. Imagina que tomaron el mismo curso y que ambos están igualmente preparados, pero uno llega al salón de clases con las manos sudorosas y con el corazón latiéndole a mil por hora, mientras el otro permanece perfectamente calmado y relajado. ¿Qué marca realmente la diferencia?

La distinción radica en la historia que cada uno de los estudiantes se está contando a sí mismo. Un estudiante puede estar diciéndose: "Haré mi mejor esfuerzo. Todo va a estar bien". Mientras tanto, el otro se dice: "Soy terrible en las pruebas estandarizadas y mi futuro entero depende de esta prueba".

En ambos casos la historia es creación de la corteza prefrontal, la parte del cerebro que analiza y juzga nuestro medio ambiente. En el caso del estudiante estresado, está enviando un mensaje que dice: "¡Emergencia! ¡Hagan sonar las alarmas!" El hipotálamo, sentado como un centinela en la parte superior del tallo cerebral, escucha el mensaje y luego lo transmite a través de señales hormonales y bioeléctricas al resto del cuerpo. El sistema nervioso parasimpático, también conocido como la respuesta de lucha o huye, se activa: la digestión se hace más lenta, aumentan los latidos del corazón y la circulación se ve comprometida, incluso en el cerebro.

De manera irónica, el estudiante que pone tanto peso en el resultado de la prueba ha hecho muy poco para ayudarse a tener éxito. Una respuesta leve ante el estrés hubiera podido ayudarlo a desempeñarse mejor; pero, en este caso, es extrema, y está atrapado en un estado de desequilibrio.

El estrés, en sí mismo, no es malo. El tallo cerebral desea crear un equilibrio entre el sistema nervioso simpático, el cual produce la respuesta ante el estrés, y el sistema nervioso parasimpático, el cual está a cargo de la respuesta "descansa y digiere". Cuando nuestro cuerpo se encuentra en un estado constante de desequilibrio, la enfermedad es el resultado más probable.

La parte sobre la cual tenemos control es la corteza prefrontal, la parte pensante del cerebro. Para ponerlo de forma sencilla, las personas hoy en día piensan demasiado. El cerebro pensante está enviando constantemente mensajes que mantienen a nuestro cuerpo en un estado de alarma y nunca tiene suficiente tiempo para recuperarse. El truco consiste en aquietar a la mente pensante y obtener el control sobre el contenido que produce, de modo que el tallo cerebral tenga la oportunidad de coordinar el equilibrio que tiene como propósito crear.

A medida que comiences a practicar la vibración de ondas cerebrales observa la clase de historias que has estado contándote a ti mismo. Piensa en las manifestaciones de estrés en tu vida y trata de descubrir su raíz. Quizá se muestren físicamente por medio de dolores de cabeza, tensión muscular o incluso enfermedad, o mentalmente a través de malos hábitos como morderse las uñas, cambios de humor o comer en demasía. Pregúntate qué clase de historia mental está conectada con estas manifestaciones: historias sobre tus propias inseguridades, sobre los defectos de otras personas y las inadecuaciones del mundo que te rodea. Cuando puedas dejar de contarte las mismas historias negativas una y otra vez podrás enfrentar los desafíos de tu vida con fuerza y valor.

Envía una carta de amor a tus células

Quizá te enseñaron a creer que tus genes determinan aquello en lo que te convertirás. Esto puede ser especialmente desalentador cuando escuchas que quizá heredaste las enfermedades de tus padres y abuelos. Sin embargo, está surgiendo toda una nueva línea de pensamiento a partir de la ciencia biológica. Ahora bien, los biólogos se dan cuenta que los genes no son los únicos participantes en el juego intercelular que decide tu salud personal.

Resulta ser que la membrana que rodea a la célula puede ser más importante que los genes para determinar tu estado de salud. La membrana celular siente y responde ante el medio ambiente que la rodea. En otras palabras, es el cerebro de la célula quien recibe e interpreta mensajes del cuerpo. Pero, ¿quién habla a tus células en nombre de tu cuerpo y les dice cómo actuar? Es el mismo que habla a tus órganos, que dice a tu corazón que lata y a tus pulmones que respiren. Es tu cerebro.

La energía es el lenguaje hablado de tu cuerpo. Probablemente ya sabes que tu cerebro envía señales bioeléctricas a tus órganos y músculos por medio de carreteras nerviosas en tu cuerpo. No obstante, ¿alguna vez te has puesto a pensar en cómo habla el cerebro a tus células?

No hace mucho, los biólogos pensaban que la membrana celular era relativamente intrascendente, que simplemente funcionaba como un sistema de contención que absorbía sustancias químicas según se requiriera. Sin embargo, de forma más reciente, los biólogos han observado con mayor cuidado cómo la membrana celular responde al medio ambiente que la rodea. Bruce Lipton, un biólogo que estudia cómo trabaja la membrana celular, aduce que la célula interpreta su ambiente no sólo basándose en información química sino también en información energética.

Los nuevos descubrimientos acerca de la membrana celular han llevado a Lipton y a otros científicos a reconsiderar el concepto asiático del *ki*, que alguna vez fue rechazado por irracional. Resulta ser que la energía emitida por tu cerebro, tus ondas cerebrales, pueden ser cruciales para la salud general de tus células.

La salud celular es fundamental para tu salud física porque las células son los bloques constructores de tu cuerpo. Si tus células no están sanas tu cuerpo es como un edificio hecho de ladrillos débiles y porosos.

Recuerda que toda enfermedad comienza en el nivel celular. Todos los cánceres, por ejemplo, comienzan con una célula mutada. Cuando los órganos presentan fallas en su funcionamiento, esto también comienza en el nivel celular. Y la integridad de las células que conforman las paredes arteriales juega un papel importante en la enfermedad cardiovascular.

Afortunadamente, la curación también ocurre en el nivel celular. Tu cuerpo posee una capacidad sorprendente para sanarse y crecer, y de eso se trata la vibración de ondas cerebrales. A través de ella puedes aprender a comunicar una energía positiva y sanadora a tu cuerpo.

El entrenamiento en vibración de ondas cerebrales ayuda a sincronizar tu ondas cerebrales con el poder sanador natural contenido dentro de cada célula de tu cuerpo. Puedes comenzar asegurándote que el contenido de tus pensamientos sea positivo. Muchos estudios han mostrado el importante papel de las emociones y la actitud para determinar la salud de largo plazo. Los patrones de pensamiento positivo son claramente precursores de una buena salud. Además, ayudan a facilitar el flujo apropiado del *ki* a lo largo del cuerpo. La física cuántica nos ha enseñado que todo en el universo es, al final de cuentas, energía, y la vibración de ondas cerebrales te permitirá utilizar tu tallo cerebral para emanar energía positiva y de apoyo en todo tu cuerpo y tu vida.

Administrar la energía es administrar la vida

La vibración de ondas cerebrales es, esencialmente, un medio para administrar tu energía en una forma muy parecida a como manejas tu tiempo o tus finanzas. Si te sientes estresado o agotado puedes pensar que es porque tienes demasiado qué hacer. Ese puede ser de hecho el caso, pero para la mayoría de las personas el agotamiento procede de la incapacidad de administrar su energía, no por tener mucho qué hacer.

Las investigaciones han mostrado que el cuerpo y la mente funcionan de acuerdo con los ritmos ultradianos, ciclos en los cuales el cuerpo pasa de estados de energía elevada a estados de energía baja. En el punto bajo del ciclo, que ocurre cada 90 a 120 minutos, tu energía desciende y tu mente divaga (Schwartz). Como respuesta a este déficit de energía las personas por lo regular buscan una taza extra de café, se comen un bocadillo azucarado o simplemente sufren una fatiga interminable. A largo plazo esta clase de conducta habitual a largo plazo sólo produce agotamiento y hábitos de trabajo ineficaces. Lo que las personas necesitan realmente es una forma efectiva de recargar su energía, en lugar de tener que soportar sentirse exhaustas y con la mente nublada.

El trabajo de la mayoría de la gente no está equilibrado en la parte alta de esta tendencia desde el punto de vista del cerebro. En la actualidad muchas personas han descubierto que su trabajo requiere una gran cantidad de procesamiento a partir de la corteza prefrontal, especialmente de funciones de cerebro izquierdo, como procesamiento lógico, simbólico y verbal.

La vibración de ondas cerebrales puede funcionar como una especie de cargador de batería energética y creativa para tu cuerpo y tu cerebro. Cuando quiera que te encuentres en ese valle energético, o cuando te sientas bloqueado en tu creatividad, utiliza el método para traer nueva vida a tu día. Al hacerlo, estás soltando la tensión que se ha acumulado en tu cuerpo y estás abriendo tu cuerpo a la energía nueva. Más aún, a medida que aquietas tu mente pensante das al cerebro derecho, creativo, la oportunidad de entrar en acción, abriendo nuevas oportunidades para ideas y soluciones innovadoras.

De acuerdo con los modelos médicos tradicionales asiáticos, todos tenemos meridianos que corren por el cuerpo y transportan la energía vital, conocida como *ki*. Según este modelo, cualquier dolor o enfermedad que ocurre en el cuerpo es resultado de un bloqueo de ese flujo de energía. La acupuntura, un método cuya eficacia ha quedado bien asentada en distintos estudios, busca mejorar el flujo de energía; sintonizarla para la salud óptima. Muchas prácticas mentecuerpo, como el *tai chi* y la yoga también abren estos senderos. Del mismo modo, la vibración de ondas cerebrales te permite soltar los bloqueos de tu cuerpo para un mejor flujo de energía.

Una nueva definición de salud

Nuestros enfoques actuales hacia el cuidado de la salud han hecho mucho para extender nuestra esperanza de vida, pero nuestra esperanza de *salud* puede no ser tan impresionante. Los hombres norteamericanos, por ejemplo, pueden esperar experimentar algún tipo de enfermedad debilitante para el momento en el que lleguen a los 67 años, y la mujer puede esperar experimentar lo mismo para los 71 años (Organización Mundial de la Salud). Así pues, puedes esperar pasar la mayor parte de la última década de tu vida con mala salud.

Creo firmemente que esto no debería ser así. Un amigo mío, Kwan-sik Min, es un buen ejemplo de cómo pienso que deberíamos vivir. El Sr. Min, quien sirvió como ministro de educación en Corea antes de retirarse, fue la imagen de la buena salud hasta el día en que murió a los 89 años.

A pesar de su edad avanzada, jamás abandonó su estilo de vida activo, manteniendo un horario lleno con compromisos de conferencias y actividades deportivas pausadas. Un hábito clave, pienso yo, fue que caminaba de manera regular, y siempre con un paso animado. Su modo de andar y su porte eran tan joviales que pronto se ganó el sobrenombre de *Hermano Siempre Joven*. El día que murió había jugado un partido de tenis en la mañana, comió muy bien, tomó una siesta y luego falleció dulcemente mientras dormía.

Ha llegado el momento de mezclar la sabiduría de Oriente y Occidente para realmente obtener lo máximo de la vida. Los científicos han marcado el lapso de vida humana en los 120 años; sin embargo, muy pocos viven incluso dos terceras partes de ese lapso con buena salud. Las medicinas y la tecnología médica con la que contamos es sorprendente, pero para vivir con plenitud debemos redescubrir algo de la antigua sabiduría que nos conecta de forma más íntima con nuestro cuerpo. La medicina occidental tiene muchos regalos que ofrecer, pero los sistemas antiguos, basados algunas veces en cientos de años de experiencia humana, no deberían desecharse.

Cuando pensamos en la definición de salud deberíamos pensar en algo más que la funcionalidad mecánica de nuestro cuerpo. Deberíamos tomar en cuenta la calidad de nuestro ser real y el contenido de nuestra experiencia momento a momento. Nuestra sociedad tecnológica nos ha dado, en muchas formas, una existencia más cómoda, pero también nos ha separado de nosotros mismos. La clave consiste en evaluar el elemento energético invisible que no puede evaluarse tan fácilmente a través de la investigación científica, pero que ha sido entendido de manera intuitiva por muchas generaciones a lo largo y ancho de las culturas.

La diferencia entre el Sr. Min y la mayoría de las personas de su edad radica no en la superioridad de sus funciones biológicas sino en el espíritu energético con el que vivía. En esencia, aprendió a administrar su energía de manera efectiva.

Nuestro estilo de vida hoy en día podría equipararse a un yoyo que continuamente está en movimiento, arriba y abajo, una y otra vez. Si has jugado mucho con un yoyo sabes que después de un cierto tiempo la cuerda se atasca y el yoyo ya no funciona con suavidad. De vez en cuando necesitas detenerte para dejar que la cuerda se desenrede. Piensa en la vibración de ondas cerebrales como una forma de detener el movimiento constante de tu mente para permitirle que se desenrede y esté nuevamente sana.

Haz las paces con tu tallo cerebral

La historia de la humanidad ha sido una evolución constante hacia los límites del pensamiento racional. Por medio de nuestra capacidad para juzgar, analizar y planear, hemos caminado un largo trecho para controlar los caprichos de la existencia humana. En algunas formas hemos domado los aspectos incontrolables y misteriosos de la vida en este planeta. Al hacerlo, sin embargo, hemos introducido el desequilibrio tanto en nuestra vida personal como en el planeta. El efecto del desequilibrio en la Tierra se está volviendo evidente, y los efectos sobre nuestra salud también están quedando claros.

La vida moderna nos pone en guerra con nuestro tallo cerebral, ya que suprimimos nuestro lado pre-racional y subconsciente a favor de la obsesión racionalista. Nuestro sistema educativo actualmente favorece a aquellos cuyos dones se manifiestan en actividades analíticas, del cerebro izquierdo, como la lectura y las matemáticas. Los psicólogos reconocen que existen muchas formas de inteligencia, incluyendo la interpersonal, la emocional y la inteligencia creativa, pero estos no son los talentos que por lo regular se llevan los honores. No educamos la totalidad del cerebro; más bien, desarrollamos y recompensamos la corteza prefrontal casi al punto de excluir al resto. Lo mismo continúa ocurriendo a lo largo de la vida, pues las habilidades basadas en lo cognitivo por lo regular ganan más dinero y estatus dentro de la sociedad.

Por supuesto, las otras partes del cerebro siguen trabajando para nosotros, pero no nos educamos para usarlas bien. La mente pensante se ha vuelto tan fundamental en nuestra vida que con frecuencia nos aleja de nosotros y nos lleva a patrones de negatividad. Al estar juzgando constantemente todo lo que se atraviesa en nuestro camino, ponemos a nuestro cuerpo en un estado de alarma continua y falta de equilibrio.

Muchos estudios recientes han mostrado los efectos benéficos de la meditación, que esencialmente consiste en la práctica de disminuir el ritmo de la mente pensante o incluso detenerla. Los beneficios físicos ocurren gracias a que la meditación permite que nuestro cerebro tenga un descanso muy necesitado del constante parloteo mental que nos mantiene estresados. Pensar no es necesariamente malo, pero a veces nos hace falta encontrar formas de ir más allá del pensamiento, por nuestra propia salud y por la salud de otros.

Capas del cerebro

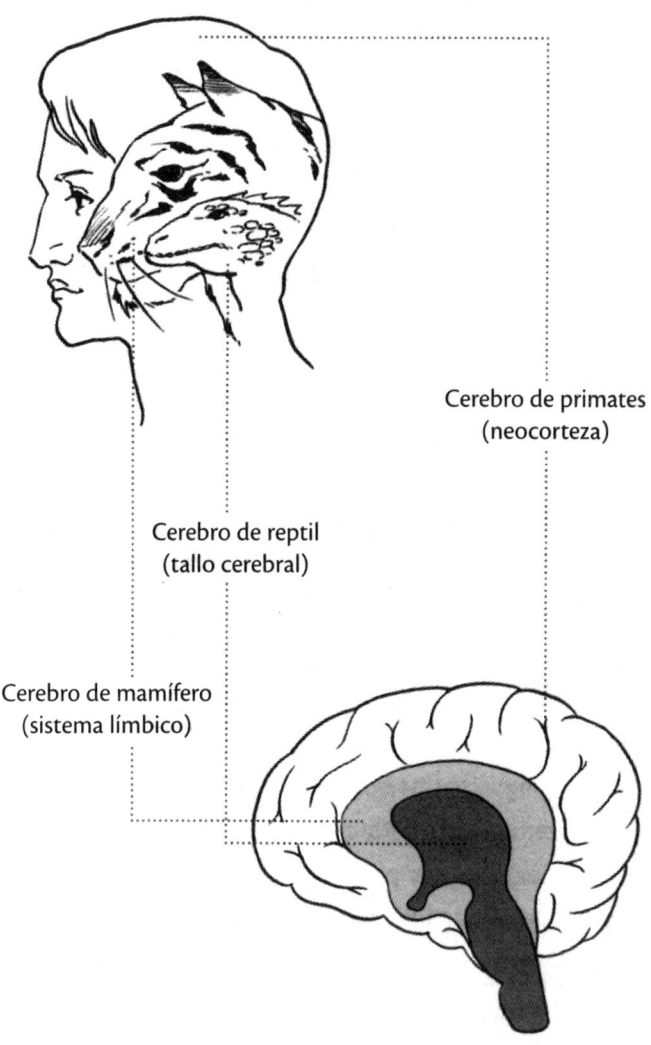

Cerebro de primates (neocorteza)

Cerebro de reptil (tallo cerebral)

Cerebro de mamífero (sistema límbico)

El cerebro humano tiene tres capas que reflejan la evolución del cerebro. La vibración de ondas cerebrales ayuda a que las distintas funciones trabajen en conjunto de manera armoniosa.

Cómo se hacen los milagros

En realidad los milagros no son algo tan extraordinario. En sí, el simple hecho de que tus funciones corporales sigan trabajando como lo hacen es un milagro. Cuando decimos que algo es milagroso, para mí eso sólo significa que alguien ha logrado acceder a un poder que ya estaba dentro de su cerebro, esperando ser descubierto.

Una de mis estudiantes había mantenido una lesión en el coxis que le provocaba dolor constante. Acudió a muchos doctores, pero le dijeron que su problema no tenía solución. Vino a un centro de Yoga Dahn a practicar la vibración de ondas cerebrales, esperando poder encontrar alivio. Ella era doctora, dentista, así que seguía siendo escéptica con respecto a la posibilidad de encontrar un alivio permanente. En el mejor de los casos, pensó, podría aminorar el dolor en algún grado. Para su sorpresa, el dolor desapareció por completo después de sólo tres meses de práctica.

No te estoy contando esta historia para que te impresiones con la vibración de ondas cerebrales; es una actividad muy sencilla que requiere poco esfuerzo. Más bien, lo estoy haciendo de modo que puedas quedar impresionado con la maravilla del cuerpo humano. Yo creo que esta mujer pudo sanar gracias a que la parte subconsciente de su cerebro, el tallo cerebral, ya sabía lo que se necesitaba para crear salud en su cuerpo; ella simplemente debía dejar de interponerse, que es lo que permite la vibración de ondas cerebrales. El cuerpo contiene una inteligencia maravillosa que sobrepasa nuestro entendimiento actual del cuerpo humano. Esta es la inteligencia del tallo cerebral, una parte del cerebro que orquesta cosas tan complejas que nuestro cerebro pensante apenas puede comenzar a entender.

Capítulo 4
La fuente de la intención

Aerodinámicamente hablando, el abejorro no debería poder volar, pero el abejorro no lo sabe, así que, de todas formas, sigue volando.

—Mary Kay Ash, fundadora de Cosméticos Mary Kay

Entraste a este mundo queriendo ser alguien que hiciera que las cosas sucedieran. Desde el primer día fuiste una máquina creadora. Tomabas objetos en tus manitas tan pronto como podías lograr asirte de ellas. Las manipulabas en tus manos, sintiendo su forma y textura, e incluso las metías a tu boca, queriendo saber todo acerca del mundo que te rodeaba.

A medida que obtuviste conocimiento del mundo, quisiste reafirmar tu influencia sobre estos objetos. Tiraste tu plato de la mesa, simplemente para verlo caer. Susurrabas y gritabas, tratando de comprender la naturaleza de tu propia voz. Todos tus sentidos estaban abiertos a descubrir el mundo que vivía a tu alrededor.

Este mismo impulso finalmente te empujó hacia tu propio proceso de desarrollo a medida que experimentaste con tu cuerpo, y finalmente aprendiste a caminar y hablar. Mientras tanto, en tu cerebro ocurrían eventos mágicos: las células cerebrales crecían y se desarrollaban conexiones.

Conforme fuiste creciendo, tuviste más y más pericia para influir en el mundo a tu alrededor. Ganaste dinero, ganaste estatus, y desarrollaste un sentido sólido de identidad. Pero, junto con esto, vino el sufrimiento y un anhelo de ir más allá de este mundo físico. En algún punto quizá te preguntaste, como yo lo hice: "¿De qué se trata todo esto?"

El problema con el mundo físico es que es fácil olvidar lo que está bajo la superficie de las cosas. Cuando eras niño y explorabas el mundo, apenas acababas de llegar a él con un propósito, pero el mundo de las formas te distrajo, y te olvidaste por un momento de quién eras en realidad.

El predicamento humano

Con frecuencia se ha observado que existen dos seres dentro del ser humano. Está el ser que se encuentra presente en el mundo que te rodea —interactuando, haciendo, teniendo— y está el ser que observa al ser. El falso ser es una máscara que nos ponemos para el mundo, un producto manufacturado por el ego. Es algo sobre lo cual construimos a lo largo de la vida, para darnos un papel que desempeñar en el mundo fuera de nosotros. El ser verdadero, por otra parte, es tu yo superior, tu parte esencial e inamovible. Esa parte anhela las formas más elevadas de interacción humana, como el amor incondicional y la unidad armoniosa con otras personas. Los conflictos de la vida surgen a partir de una falta de concordancia entre estos dos seres, un predicamento que surge debido al lugar único que tiene la humanidad en el universo.

Los seres humanos son únicos entre los habitantes de la Tierra porque están a la vez unidos a la Tierra y son divinos. Probablemente habrás notado cuánto puede diferir la conducta humana, que va de la persona que da todo en servicio a los demás hasta aquella que utiliza y abusa violentamente de otros individuos. Esto es debido a que somos simultáneamente personas de la Tierra y personas del cielo. Nuestra estatura erguida —con la cabeza en el cielo y los pies en el suelo— es un recordatorio simbólico de esto.

El verdadero ser es la parte de ti que sabe que hay algo más en la vida que sólo el nivel superficial de este mundo. Es la parte de ti que te anima a elegir de acuerdo con tu yo superior. Sin embargo, a lo largo de la vida desarrollamos un apego cada vez mayor a este mundo físico, y la voz del verdadero yo se sofoca. Afortunadamente, se nos van dando conflictos y obstáculos en la vida para ayudarnos a recordar quiénes somos.

Cuando era joven me encontraba completamente desconcertado por este predicamento, pero no tenía forma de resolverlo o entenderlo. No podía concentrarme, y mi estado de ánimo fluctuaba salvajemente. Recuerdo una conversación con mi compañero de cuarto de la preparatoria, un estudiante que sacaba puros dieces y que mis padres esperaban tuviera una buena influencia sobre mí.

Siempre estaba estudiando en su escritorio, en cuanto llegaba de casa a la escuela. Un día, me quedé viendo con la mirada vacía la parte posterior de su cabeza mientras estudiaba.

—¿Qué estás haciendo? —pregunté.
—¡¿No lo ves?! Estoy estudiando —contestó.
—¿Por qué estás estudiando? —pregunté.
—Se acerca un examen. Tengo que obtener buenas calificaciones para entrar a una buena Universidad.
—¿Por qué quieres ir a la Universidad?
—Para ser exitoso.
—¿Y qué vas a hacer después de ser exitoso?
—Vivir felizmente.
—¿Qué es la felicidad?

Finalmente, se dio la vuelta, sorprendido por mi pregunta. Siendo el estudiante de dieces que era, realmente quería responder a la pregunta. No pudo encontrar una respuesta; simplemente se quedó viendo el techo.

—¿Cuál es el propósito de nuestra vida? —pregunté.
—¿Lo sabes? —respondió.
—No. Por eso te estoy preguntando.
—Dejémoslo así. Hay muchas otras preguntas que resolver.
—Pero todo depende de la respuesta a esto. Es lo primero que hay que resolver —dije.

Poco después mi compañero de habitación solicitó vivir en otro dormitorio, con alguien más. No me sorprendió, dada mi conducta obsesiva y mi naturaleza melancólica. La mayoría de mis compañeros me evitaban, mis calificaciones bajaron y yo no tenía ningún sentido de dirección. En ese momento, parecía como si estas preguntas que ocupaban mi mente estuvieran acosándome como un espectro oscuro, pero ahora he llegado a verlas como un don que me permitió entender realmente la naturaleza subyacente de la vida, a pesar del dolor que ello implicaba.

A nadie le gustan los problemas. Sin embargo, todos tus problemas son una bendición. Todos tienen como finalidad ayudarte a manifestar tu ser verdadero.

Cuando te enfrentes con algún problema, recuerda que el problema en sí mismo es simplemente una ilusión que brota del falso ser creado por el ego. La mayoría de las personas cometen el error crítico de enfocarse en el problema mismo, lo cual, irónicamente, simplemente hace que se produzca más de lo mismo. Lo que realmente importa no es por qué o cómo el problema está ocurriendo, sino tu relación con el problema. Una cosa sí es definitivamente cierta: jamás podrás erradicar los problemas de la existencia. Lo que realmente importa es tu actitud con respecto a ellos. Para elevar tu actitud primero debes tomar en cuenta cómo está operando tu cerebro en relación con el problema.

Actualiza el sistema operativo de tu cerebro

Yo veo el cerebro como algo similar, en algunos sentidos, a una computadora. Por supuesto, el cerebro es mucho más complejo y puede ser modificado a través de una intención autodirigida, lo cual, ciertamente, no ocurre con las computadoras. Sin embargo, considero que es útil hacer una analogía si pensamos en términos de que el cerebro posee un sistema operativo.

Todos los cerebros, como todas las computadoras, poseen un sistema operativo a través del cual procesan los programas que reciben. Si no has podido crear tu vida tal y como realmente la deseas, entonces quizá simplemente no puedes correr ese programa en tu sistema operativo cerebral actual. Hacerlo sería como tratar de correr un programa computacional actual en una versión de Windows de los años ochenta.

Tu sistema operativo es el sistema de creencias y conceptos previos a través de los cuales interactúas con el mundo. Algunas veces estas creencias nos resultan muy útiles si nos ayudan a entender el mundo, ayudándonos a procesar la información que constantemente recibimos a través de nuestros sentidos.

No obstante, algunas veces nuestro sistema operativo cerebral está programado de una manera que no se adapta a las intenciones que tenemos para nuestra vida. Por ejemplo, digamos que tienes muchas ganas de aprender a dibujar, pero tienes una creencia sobre ti que dice "No tengo talento. Todo lo que intento dibujar sale horrible". Puedes ver cómo tu intención, que es como un programa que te gustaría correr, es incompatible con la creencia subyacente que tienes de ti mismo, que es como tu sistema operativo.

Lo mismo se aplica a cualquier otra cosa que desees manifestar en tu vida. Si deseas más dinero, actualiza tus creencias subyacentes acerca del dinero. Si deseas mejores relaciones, reevalúa cómo tu cerebro procesa las relaciones. Esto se aplica a cualquier cosa que sueñes tener o alcanzar.

La buena información es un elemento clave para programar el sistema operativo que te ayudará a alcanzar la salud, la felicidad y la paz. Por ejemplo, a los pacientes con cáncer se les dice que visualicen a los glóbulos blancos como valientes caballeros sobre hermosos corceles blancos que vienen a matar al enemigo invasor, las células cancerígenas. Estos pacientes están, en esencia, bombardeando su cuerpo con pensamientos inspiradores que corren en oposición a la información altamente negativa que por lo regular rodea la palabra *cáncer*. Esta misma clase de concepto puede aplicarse a cualquier problema o deseo que tengas en la vida. Todo lo que necesitas es información positiva y una manera de procesar dicha información que apoye plenamente tu intención.

Piensa en la vibración de ondas cerebrales como una forma de reiniciar tu computadora, tu cerebro. Escoge la información que deseas insertar y piensa en ella como un paquete de servicio, algo que ayudará a que tu cerebro opere de acuerdo con tus deseos.

Si observas cómo ha progresado tu vida hasta ahora, no te será difícil descifrar de qué manera tu sistema operativo cerebral no está operando en concordancia con tus sueños. Será especialmente evidente en cualquier duda que tengas de ti mismo o cualquier suposición negativa que sostengas. Cuando practiques la vibración de ondas cerebrales visualízate borrando estas limitaciones y reemplazándolas con creencias completamente positivas y de apoyo.

Te animo a que establezcas una meta verdaderamente maravillosa para ti. No elijas nada pequeño y seguro que ya sepas que puedes alcanzar sin mucho problema. En su lugar, escoge algo que te sorprendería hasta a ti si lo alcanzaras. Escoge algo que te llene de placer de sólo pensarlo. Si alguna parte de ti dice "pero jamás lo lograré", simplemente haz esta idea a un lado como una parte obsoleta de tu sistema operativo que necesita ser reemplazado.

Por supuesto, yo sé que no es fácil establecer una meta elevada. Como todo, requiere práctica. Puedes practicar moviéndote hacia tu gran sueño a través de pequeños logros. Como un maratonista, necesitas correr la primera milla para correr dos millas; finalmente llegarás a la meta.

Pero, ¿cómo sabes que te has puesto la meta correcta? Joseph Campbell es famoso por haber dicho "Sigue tu felicidad". Yo creo que esto se aplica aquí. Si tu meta te hace auténticamente feliz en el largo plazo, probablemente está en concordancia con tu verdadero ser y, por tanto, será genuinamente satisfactoria para ti. Como el verdadero yo prospera mediante el servicio a los demás y no por servirse a sí mismo, probablemente encontrarás alguna meta que realice hazañas sorprendentes para sanar y transformar a la humanidad y al mundo.

El cerebro posee el poder sorprendente de producir resultados de acuerdo con la intención de su maestro. Esa es la razón por la cual es importante utilizar el cerebro sólo para causas que son productivas, creativas y pacíficas. Si el cerebro sólo trabaja para satisfacción del ego, sin importar cuán productivo o creativo pueda ser, hará tu vida miserable: jamás tendrás paz. Por ello, establecer la meta correcta se vuelve crucial.

La materia sigue a la mente

En el pensamiento oriental hay un dicho: "Donde va la mente, ahí va la energía". En otras palabras, la energía viaja exactamente donde tu mente desea ir. Todo lo que logramos en este mundo comienza con un pensamiento consciente.

Esto no es tan esotérico o mágico como podría parecer; simplemente es la forma de sentido común como ocurren las cosas. Por ejemplo, si admiras un edificio alto en medio de la ciudad, puedes tener la certeza de que todo comenzó en la mente del arquitecto que trabajó en conjunto con los inversionistas, contratistas y obreros que le dieron vida. Cuando todas estas mentes se juntaron, la energía comenzó a fluir hacia el cumplimiento de la visión. De esa manera, la imaginación se volvió realidad. Cada misión espacial, cada pieza clásica de arte, cada acto piadoso comenzó como un pensamiento en la mente de alguien.

Puedes pensar que tu vida es como tejer. Cuando comienzas no tiene forma, pero sigues tejiendo con la misma meta en mente: hacer un suéter, un calcetín o cualquier cosa. Cada puntada es como un pensamiento que agregas a la forma general de tu vida. Finalmente, los pensamientos llevan a la acción y la forma surgirá si tan sólo mantienes tu intención en la mente. Sin embargo, si no tienes una visión clara terminarás con una bola de hilo enredado.

Todo lo que he logrado en mi vida se ha hecho puntada a puntada. Comencé con un solo estudiante, y cada paso que seguí fue como una puntada cuidadosamente tejida. Finalmente mi plan comenzó a surgir como un todo, igual como adquiere forma un suéter.

La clave es mantener en mente el panorama general, aun cuando parezca tan lejano. En mi vida he enfrentado muchos momentos que pudieron haberme destruido. Pude haberme perdido en los detalles de dichos eventos y quedar arrollado por las emociones que los acompañan. Sin embargo, he llegado a entender que las situaciones de vida, sin importar cuán difíciles sean, son sólo temporales.

Debes recordar que la vida no es una película romántica. Cuando das un gran paso hacia delante en la vida, no es probable que alguien esté ahí para decirte: "¡Felicidades! ¡Eres muy valiente! ¡Aquí tienes tu recompensa!" Si tienes alguien que te apoye en la vida, es grandioso, pero no cuentes con ello. De hecho, la vida algunas veces te brinda exactamente lo opuesto.

Recuerdo cuando llegué por primera vez a los Estados Unidos. Aterricé en el Aeropuerto Internacional John F. Kennedy, casi sin hablar una sola palabra de inglés, entrando en contacto con una cultura que me era completamente ajena. Planeé encontrarme con un estudiante que luchaba por mantener un centro abierto ahí, así que empaqué unos cuantos miles de dólares en mi portafolios para ayudarlo.

Poco después de haber recogido mi equipaje del área de reclamación de equipaje lo puse en un carrito y comencé a buscar a mi estudiante. De repente, un hombre estaba parado frente a mí con su rostro cerca del mío, gritando algo que yo no podía entender. Todo lo que sabía decir era: "¿Qué? ¿Qué?" Antes de percatarme de lo que ocurría miré detrás de mí y vi a otro hombre corriendo por el corredor con mi maleta en la mano. Antes de poder pensar qué hacer ambos hombres habían desaparecido entre la multitud. Estaba devastado, por decir lo menos. Parecía una bienvenida muy violenta a los Estados Unidos. Me inundaron muchas emociones. Lo más fácil hubiera sido regresar con mi estudiante a Corea. Las primeras impresiones son siempre muy fuertes, y era difícil resistirse a la información negativa que mi cerebro creó para explicar la situación. Pude haber concluido que los Estados Unidos era un mal lugar o que este evento era un mal augurio. En tiempos difíciles es fácil caer ante esta clase de pensamiento.

No obstante decidí que mi meta mayor era mucho más grande que esta situación temporal. Así pues, opté por cambiar mi información sobre el suceso. Decidí no pensar: "Me robaron cuando vine a los Estados Unidos". Tampoco quería pensar: "Perdí varios miles de dólares". En su lugar, decidí pensar: "Hice una donación a la Ciudad de Nueva York". De esa forma yo podría ser feliz con respecto al incidente y avanzar hacia la creación de mi visión. De hecho, esa "inversión" dio pie a muchas grandes cosas, ninguna de las cuales habría sido posible si yo hubiera seguido los pensamientos y emociones negativas que vinieron con el evento inicial. Las emociones negativas son normales y naturales frente a los desafíos de la vida, pero quedar atrapado en ellas es perjudicial para el progreso de la vida. Date cuenta de cuán rápidamente puedes cambiar tus ondas cerebrales, y nunca pierdas de vista la visión más amplia de la vida.

Todo lo que necesitas es una determinación genuina para manifestar en la realidad lo que deseas. Si realmente deseas comenzar a crear tu vida, saca de tu vocabulario la palabra *imposible*. Sí, tiene un cierto valor ser realista, pero ¿realmente deseas mucho más allá del reino del realismo? He conocido a pocas personas que honestamente deseen algo que vaya más allá de las leyes básicas del universo. Estoy dispuesto a apostar que todo lo que estás esperando crear se acomodará de una forma muy buena en el sistema de realidad que actualmente está manifestado, así que no tengas miedo de buscar lo que deseas en la vida.

Realmente no creo en la grandeza que se confiere como un don raro a unos cuantos suertudos. Más bien, pienso que todos poseen grandeza en su interior. Realmente sólo es cuestión de persistencia, de apegarse a lo que has visualizado hasta que sea una realidad. Tengo la profunda convicción de que a todos, incluyéndote a ti, se les ha dado exactamente el conjunto correcto de dones para cumplir algún propósito magnífico para su vida. La grandeza simplemente debe ser elegida; y si la eliges, se manifestará.

Capítulo 5
Entra en contacto con el infinito

La emoción de la vida radica en la experiencia divina en la cual nos damos unos a otros, en esa celebración de la existencia en la cual todas las cosas alcanzan su expresión más elevada, pues el universo, por definición, es un único evento bellísimo de celebración.

—Thomas Berry, teólogo católico

Hemos llegado a un punto en la historia de la humanidad donde necesitamos redefinir la espiritualidad en una manera que vaya más allá de la religión, que satisfaga tanto a ateos como deístas. Muchas disputas que tenemos hoy con relación a la fe religiosa no tienen nada que ver con la espiritualidad. Más bien, tienen que ver con capas de identidad que hemos acumulado sobre nuestra espiritualidad. Seguimos tratando de dar forma específica a algo que de hecho no tiene forma y está más allá de los límites de nuestra mente racional. Entre más intentamos definir la espiritualidad por medio de la teología y la filosofía, más se aleja de nosotros.

Yo creo que la espiritualidad es, de hecho, algo bastante sencillo; tan sencillo, en realidad, que nuestra mente racional apenas la toma en cuenta. De manera irónica, la parte difícil no radica en aprender a ser espiritual. Esa parte es automática y requiere poco esfuerzo. Lo verdaderamente difícil es sacar a tu mente pensante del camino, de modo que puedas experimentarla directa y puramente.

Dios y el cerebro

Recientemente se han dado muchos debates con respecto a la relación entre Dios y el cerebro. Algunos dicen que Dios es un subproducto del cerebro, una ilusión creada por partes primitivas del mismo. Otros afirman todo lo contrario, diciendo que el cerebro contiene evidencias de un reino espiritual que se extiende más allá del cerebro, reino que el cerebro está diseñado para percibir.

Una cosa me parece clara: el cerebro está, de hecho, diseñado para la experiencia espiritual. También me queda claro que semejante experiencia no proviene de pensar mucho en las minucias de los problemas teológicos.

Para mí no vale la pena discutir la existencia o no existencia de Dios. De una u otra forma el ámbito espiritual se encuentra más allá del poder de descripción de la mente humana, y en cuanto intentamos poner en palabras nuestra experiencia relacionada con ella, lo reducimos, sin importar cuán bellamente hablemos. Si te resulta útil concebir a Dios como una entidad específica, entonces, hazlo. Existe una gran verdad que podemos encontrar en muchas descripciones de Dios, pero yo te suplicaría que no dejaras que esas descripciones confinaran tu percepción de lo posible. Mejor, permíteles simplemente ser un punto de inicio.

La vibración de ondas cerebrales se encuentra entre muchos métodos de entrenamiento que he desarrollado para ayudar a las personas a dejar de pensar en la espiritualidad de modo que puedan comenzar a experimentarla.

En busca de la unidad

Cuando te pones a pensar en las muchas manifestaciones de la experiencia espiritual en el mundo, obviamente no ayuda en nada debatir cuál es la correcta. Esa ha sido la raíz de una cantidad increíble de sufrimiento en el mundo. De hecho, según yo veo la espiritualidad, resulta bastante contradictorio diferenciarla de esta forma. Es mejor centrarse en los conceptos que tenemos en común.

La mayoría de las tradiciones espirituales tienen en sus raíces la noción de la paz última que viene a través de la unión de todos los seres. La Biblia habla de "la paz que sobrepasa todo entendimiento", y los hindúes hablan del *nirvana*. Yo creo que el viaje a este lugar de unidad es lo único que realmente importa en cualquier práctica espiritual.

Mucha de nuestra mitología nos enseña que la vida tiene como propósito encontrar nuestro camino de regreso a la unidad. En las tradiciones coreanas tenemos la historia de *Mago*, un espíritu terrenal análogo a la Madre Tierra en la sociedad occidental. En un determinado punto la humanidad estuvo en concordancia con *Mago*, y hubo un estado de paz y armonía perfectas. Como en la historia bíblica del Edén, este paraíso se perdió finalmente a medida que las personas comenzaron a separarse entre sí.

De acuerdo con las mitologías de muchas culturas, la humanidad alguna vez vivió armoniosamente para luego perder esa existencia perfecta. La historia de Adán y Eva en el Jardín del Edén es un ejemplo conocido. Yo creo que estas historias son un reflejo del paraíso que ya vive dentro del cerebro humano. Tengo la certeza de que poseemos el potencial para la alegría y la armonía perfectas escritas en la estructura de nuestro cerebro. Así pues, ¿qué es lo que nos impide vivir en consecuencia?

En la historia del Edén, el primer hombre y la primera mujer comieron del fruto del Árbol del Conocimiento del Bien y el Mal. Resulta significativo que el conocimiento y el juicio de lo que es correcto e incorrecto —ideas creadas y procesadas en la corteza prefrontal— fueron responsables de la caída de la humanidad. Tan pronto como comenzamos a separar el bien del mal comenzamos a separarnos unos de otros y del resto del universo.

Aunque esto pueda parecer lamentable, también es afortunado en muchos niveles. La diferenciación separa, pero también brinda la oportunidad para la reunificación. La separación nos da la oportunidad de valorar verdaderamente la experiencia de la unidad, de una forma muy parecida a la necesidad de que exista tanto la luz como la oscuridad para crear la percepción de la forma. Si simplemente hubiéramos mantenido **nuestra** unión desde el inicio de los tiempos, no habríamos **tenido** la oportunidad de elegir la unidad a través de nuestro libre albedrío, que es la elección que debemos tomar ahora.

Experimentar la unidad

La pregunta es, entonces, cómo regresar a este lugar de unidad. Yo creo que se logra por medio de aquietar la mente y a través de experimentar la energía.

La vibración de ondas cerebrales puede abrir la puerta a esta posibilidad porque ofrece una forma de detener la mente pensante, aun si sólo es durante unos cuantos minutos. Cuando la practicas bien, sientes una desintegración en la superficie de tu cuerpo. Por supuesto, no se trata de una desintegración literal: tu piel y el resto de tu cuerpo permanecen intactos. Sin embargo, de lo que te darás cuenta es que no terminas ahí, que tu ser va más allá de los confines de tu cuerpo. Lo experimentarás de manera directa, no sólo como un concepto intelectual.

Alguna vez tuve a un monje budista como estudiante. Como la mayoría de los monjes pasaba varias horas al día meditando, buscando ese mismo estado de unidad. No obstante, se distraía mucho porque descubrió que su salud comenzó a deteriorarse. No podía dormir ni estar sentado durante mucho tiempo debido a problemas graves en los riñones. Comenzó a practicar la vibración de ondas cerebrales y tuvo una mejoría inmediata en su salud y, finalmente, pudo concentrarse apropiadamente para la meditación. Dice que ahora sabe lo que Buda quiso decir cuando expresó: "Encuentra la verdad en tu cuerpo; fuera de él no la encontrarás ni en mil años".

Es muy importante prestar atención a la experiencia de la vida en tu cuerpo mientras practicas la vibración de ondas cerebrales. La energía es la verdadera esencia de las cosas, y es a través de la energía que la unidad se revela. Si puedes aquietar tu mente lo suficiente la percibirás en tu cuerpo como una vibración sutil pero constante.

Si permites que esta sensación se expanda no sentirás ningún límite a esta energía y tendrás un atisbo de la naturaleza infinita del universo. A esta energía cósmica mayor yo la llamo *Chun-ji-ki-un*, que literalmente se traduce como "la circulación de la energía entre el cielo y la tierra". Conectarte con esta energía es conectarse con la energía última que pulsa en toda la existencia, a la cual algunos llaman la Fuente y otros llaman Dios.

Hay una parte en tu cerebro cuya finalidad es conectarte con esta energía. Puedes conceptualizarla como un radio receptor que capta mensajes invisibles del cosmos. Cuando tus ondas cerebrales se agitan, es como si la estática interrumpiera la señal. Por favor utiliza la vibración de ondas cerebrales como un medio para limpiar la estática y para sintonizarte con la paz y la serenidad mayores del cosmos.

Capítulo 6
La raíz del asunto

Aléjate de las personas que dan poca importancia a tus ambiciones. La gente pequeña siempre lo hace, pero los realmente grandes te hacen sentir que tú también puedes ser grande.

—Mark Twain, escritor

En mi computadora tengo las fotografías de dos niños pequeños, ambos de unos siete años de edad. Las imágenes son muy significativas para mí, aunque no conozco a ninguno de los dos. Una muestra el rostro de un niñito regordete que sonríe jovialmente a la cámara, y la otra muestra la imagen de un niño hambriento, sentado en tierra árida con un buitre agazapado en el fondo. Estas son imágenes que representan el desequilibrio que hemos creado en el mundo, un desequilibrio que refleja el uso incompleto de nuestro cerebro.

Todos los problemas en el mundo fueron creados por el cerebro humano, y dentro del cerebro humano están todas las respuestas. Para mí, estas fotos simbolizan las causas raíz del sufrimiento en el planeta. Si todos los problemas humanos fueran resultado del cerebro humano, también podrían resolverse a través del cerebro. El desequilibrio que prevalece en el mundo es un reflejo del desequilibrio dentro de nuestro cuerpo y nuestro cerebro.

Maestría cerebral

La frase *maestría cerebral* probablemente te haga pensar en algo ligeramente distinto a lo que yo hago alusión con este término. Maestría cerebral no significa ser inteligente o capaz de llevar a cabo proezas mentales. Más bien, la maestría cerebral consiste en la capacidad de mantener una relación apropiada entre tu cerebro y el mundo exterior.

Si eres un maestro del cerebro tienes una capacidad casi fuera de lo normal de permanecer en el momento y no ser arrollado por pensamientos y emociones. Puedes controlar tu actitud y mantener una mentalidad positiva, independientemente de lo que ocurra. Y, lo más importante, un maestro del cerebro jamás pierde la esperanza, sin importar cuán oscura se torne la situación.

Recuerdo que cuando era joven había un puente debajo del cual las personas arrojaban mucha basura. La basura simplemente se acumulaba semana tras semana. La gente se quejaba de la basura, pero nadie hacía nada para que aquello cambiara.

Así que un día decidí hacer algo al respecto. Comencé a quitar la basura, pieza por pieza. Cuando había arrastrado toda la basura, la enterré en un hoyo que había cavado en las montañas. Luego planté semillas de calabaza en el suelo cubriendo la basura. Pronto crecieron ahí grandes y hermosas calabazas.

Este fue un gran momento de descubrimiento para mí. Llegó en un punto en el que yo verdaderamente había perdido las esperanzas con respecto a mi vida. Alrededor de los veinte años ya había fracasado tres veces en mi ingreso a la universidad. Me di cuenta que todo lo que yo necesitaba era la oportunidad de hacer algo positivo por las personas, y ese algo positivo vino de un montón de basura.

La verdadera maestría cerebral es la capacidad de ver las posibilidades, aun donde otros sólo ven basura. Esas calabazas crecieron muy bien precisamente gracias a que la basura había estado ahí antes; la basura añadió los nutrientes al suelo.

Para tener verdadera maestría cerebral debes aprender a ver tu vida de la misma forma, dándote cuenta de que todas las partes difíciles y feas de la vida pueden convertirse en la composta a partir de la cual surgirá tu propia realización. El truco consiste en mantener una mente positiva de modo que se puedan ver todas las hermosas posibilidades de la vida.

Manejo de la información

Tener maestría sobre tu cerebro significa, en esencia, controlar la naturaleza de tus ondas cerebrales. Pero, ¿cómo sabes que tienes ondas cerebrales? No puedes sentirlas de forma directa. La única razón por la que sabes que tienes ondas cerebrales es porque se te ha dicho que las tienes. Por supuesto, podríamos medirlas si tuviéramos el equipo correcto, pero pocos hemos experimentado ver nuestras ondas cerebrales tal y como se observan a través del equipo científico avanzado. De hecho, aun en ese caso, el científico no está viendo las ondas cerebrales mismas. Estas ondas son invisibles para todos los sentidos; pueden ser traducidas en una forma medible sólo por medio de tecnología científica.

¿Significa eso que tienes que buscar un laboratorio científico o comprar algún equipo costoso para verificar la salud de tus ondas cerebrales? En absoluto. La prueba de la existencia de tus ondas cerebrales está a tu alrededor. Resulta evidente en la calidad de las relaciones que tienes, en las emociones que cargas, y en las decisiones que tomas. Todo en tu vida es resultado directo de tus ondas cerebrales.

La información tiene un gran impacto en la salud de tu cerebro. Podrías pensar en la información casi como si se tratara de alimento para tu cerebro. La información de baja calidad es como comida chatarra para el cerebro, mientras que la información de alta calidad es como una comida altamente nutritiva y llenadora. Y, al igual que otras funciones del cuerpo, las ondas cerebrales sufren si se les alimenta sobre la base de una dieta que consista en información de bajo nivel.

El consumo de información que hacen muchas personas no difiere de lo relacionado con el consumo de alimentos. En primer lugar, simplemente se nos sirve demasiada información. Estamos constantemente bombardeados con hechos, teorías, argumentos, anuncios, imágenes, ruido, y la lista sigue. Nuestro cerebro no puede manejar toda la información externa.

La información solía ser propiedad sólo de una pequeña élite, de los eruditos y gobernantes de un tiempo que ya no existe. Pero ahora hay un exceso de información disponible para todos. Cada pieza de información es como una caloría. El cerebro, que tiene un gusto natural por adquirir información, sorbe la información dondequiera que puede encontrarla. Pronto el cerebro se abruma debido a la vasta cantidad de información que entra en él. La información por sí sola no es mala, así como la comida no es mala, pero demasiado es demasiado, especialmente cuando la calidad no es buena.

Igual que ocurre con la comida rápida, puedes obtener mucha información barata en estos días. Tu mente, como tu cuerpo, se pone pesada y se atasca rápidamente si no tomas decisiones oportunas en relación con aquello con lo que lo alimentas. La vibración de ondas cerebrales tiene como propósito ayudarte a dejar de procesar información, casi como si fuera un ayuno temporal de información, de modo que puedas comenzar a tener control del consumo de la misma. Para determinar tu nivel de nutrición informativa hazte tres preguntas básicas:

1. ¿La información que estoy recibiendo me está inspirando?

No vale la pena tener ninguna pieza de información si te debilita o si le resta valor a tu capacidad de realizar tu potencial pleno. A lo largo de su vida, muchas personas reciben información debilitante, mensajes que les dicen: "No eres lo suficientemente bueno", "No eres lo suficientemente guapo(a)", "No eres lo suficientemente inteligente", etc. Debes aprender a ver estas creencias como piezas trágicas de desinformación que han producido resultados desastrosos en el mundo. Debes estar dispuesto a rechazar esta clase de información porque si crees cualquier parte de ella, aun una pizca, inconscientemente habrás permitido que entre un virus destructivo a tu cerebro.

Lo peor viene cuando te das a ti mismo esta información. Tu cerebro lo tomará con mucha seriedad si te dices a ti mismo que no eres suficientemente bueno o que eres deficiente de alguna forma. Vivirá a la altura de lo que tú le digas que puede hacer, así que siempre dale información clara y positiva sobre ti. Puedes reconocer que tienes defectos con los cuales debes trabajar, pero no debes pensar en tus fallas como una parte permanente de quien eres. Cuando practiques la vibración de ondas cerebrales, imagina que estás arrojando toda esta clase de información limitante fuera de tu cerebro.

2. ¿Esta información me ayuda a crecer y a mejorar mi vida?

Es importante comentar que **no toda** la información inspiradora es benéfica. La información inspiradora puede ayudar a tu yo verdadero o puede simplemente robustecer tu ego, que es producto de tu falso yo. Por ejemplo, yo podría decirte: "Tú eres más inteligente o mejor que cualquier persona en el mundo". Esa es, ciertamente, información inspiradora. Sin embargo, puedes ver que no se trata de información que vaya a ayudarte a crecer y mejorar. Debes tener cuidado con el ego cuando escojas información porque puede confundirte fácilmente, incluso haciendo que te ofendas por información inspiradora que te ayudará a llegar a tu yo superior. Haz caso omiso de la información que no te impulse hacia tu ser superior. Aprende a diferenciar lo que contribuye a tu verdadero ser de aquello que te atrae sólo en el nivelególatra.

Otra tendencia del ego consiste en reunir información simplemente por el hecho de almacenar una colección impresionante de conocimiento. El conocimiento puede ser una herramienta útil, pero acapararlo sólo nubla la mente y te distrae de tus intenciones más elevadas.

3. ¿Es esta información veraz?

El punto más importante es evaluar la verdad o falsedad de la información que recibes. A medida que avances en tu capacidad de contactar las vibraciones del universo también obtendrás la capacidad natural para discernir lo correcto de lo incorrecto, y lo verdadero de lo falso. Aprenderás a confiar en tus sentimientos intuitivos a este respecto. Cuando algo se siente bien, sabes que está bien. Cuando está en concordancia con tu verdadero ser, lo reconoces como verdad; cuando no, también lo reconoces. David R. Hawkins ha mostrado en sus estudios que el cuerpo puede percibir la verdad y la falsedad de manera intuitiva. Si tienes dudas, simplemente pregunta a tu cerebro, no al cerebro pensante, sino al cerebro intuitivo. Él siempre sabe y está listo para compartir su sabiduría.

Yo creo que existe un lazo entre la enfermedad y la salud de nuestras ondas cerebrales, y la salud de nuestras ondas cerebrales está determinada por la calidad de la información que poseemos. Es posible que enfermedades específicas como el cáncer, la presión arterial elevada y la diabetes se relacionen todas con patrones de ondas cerebrales específicos. Si puedes cambiar las ondas cerebrales que producen la enfermedad entonces quizás puedas sanar también la enfermedad.

Uno de mis estudiantes era reportero y constantemente estaba bombardeado con información negativa porque se encontraba a cargo de reportar toda clase de noticias negativas: accidentes, crímenes y cosas por el estilo. Pronto quedó plagado con problemas de salud, incluyendo fatiga profunda y una pérdida antinatural de cabello. Encima de todo, bebía y fumaba mucho para aliviar el estrés. Ahora su salud ha mejorado porque usa la vibración de ondas cerebrales para deshacerse de la información negativa de su mente.

Afortunadamente tus ondas cerebrales pueden responder a la información positiva con rapidez. El cuerpo, en contraste, puede requerir más tiempo para recuperarse de una mala nutrición, si es que puede recuperarse de ella. Has visto la elasticidad del cerebro si alguna vez te has percatado de cómo puede cambiar tu estado de ánimo de un momento a otro. Puedes estar teniendo un día fatal y sentirte muy malhumorado y, repentinamente, una pieza de información positiva —tal vez una canción alegre, buenas noticias de un amigo, la sonrisa de un niño— cambia todo a tu alrededor. Sin embargo, parte del mensaje de la vibración de ondas cerebrales consiste en que no tienes que esperar estos momentos especiales. Es increíblemente sencillo escoger la calidad de información que entra a tu cerebro y controlar la salud resultante de tus ondas cerebrales.

La conexión con la conciencia

El nivel en el cual tus ondas cerebrales resuenan puede equipararse al nivel al cual tu conciencia resuena. Hawkins ha pasado varios años calibrando niveles de conciencia. Diversos estados de la conciencia humana, como la vergüenza, el miedo, el valor y la alegría se asignan a distintos niveles vibratorios. Cada nivel tiene efectos que corresponden a la realidad de una persona. Todos tenemos el potencial de movernos hacia arriba y hacia abajo en esta escala, según cambien nuestros estados de ánimo, emociones y actitudes; pero el nivel al cual regresamos de manera habitual se considera nuestro nivel de conciencia regular.

Para determinar los niveles de conciencia, Hawkins utiliza un proceso llamado *kinesiología*, el cual muestra las conexiones entre el cuerpo, el cerebro y sus distintos estados de conciencia. Él determina el nivel de una persona u objeto poniendo a prueba su efecto sobre la musculatura humana. Un nivel inferior de conciencia provocará que los músculos se debiliten, mientras un estado superior de conciencia fortalecerá el músculo. Aun cuando la persona no esté consciente del objeto utilizado en la prueba, los niveles de conciencia se calculan de forma consistente. Por ejemplo, si se colocan imágenes de la Madre Teresa y de Adolfo Hitler en sobres, el sujeto seguirá demostrando un nivel superior de conciencia con el primero.

Yo podría aseverar que este método de evaluación funciona debido a que el cerebro subconsciente posee capacidades de evaluar las vibraciones de conciencia relativas con mucha mayor exactitud incluso que la mente pensante mejor desarrollada. La mente racional puede hacer evaluaciones con algún nivel de exactitud, si se le da información apropiada con respecto a un objeto, pero la mente intuitiva puede percibir la relativa veracidad de estas cosas de forma inmediata. Esta capacidad es una prueba de la sorprendente sabiduría interna que la mente pensante jamás puede esperar alcanzar, aun después de años de experiencia y estudio, y esta abundancia de conocimiento intuitivo está ahí esperando que la utilices.

Esta parte no contactada de nuestro cerebro, el cerebro intuitivo, constituye una parte central de lo que puede ser descubierto a través de la vibración de ondas cerebrales. Al entrar en contacto con esta sabiduría permites que tu cerebro la transmita a todas las partes de tu cuerpo para curar y tener felicidad completa. Así como nuestro cerebro intuitivo responde al nivel de vibración de los objetos fuera de nosotros, nuestro cuerpo responde aún con mayor intensidad al contenido de nuestros propios pensamientos.

Según lo veo, tu cerebro ya está diseñado para ayudarte a encontrar la salud, la felicidad y la paz. Todo lo que tienes que hacer es permitírselo.

Mapa de la conciencia

Nivel de vibración	Estado de conciencia	Experiencia
700-1,000	Iluminación	Inefable, conciencia pura
600	Paz	Éxtasis, iluminación
540	Alegría	Serenidad, transfiguración
500	Amor	Reverencia, revelación
400	Razón	Comprensión, abstracción
350	Aceptación	Perdón, trascendencia
310	Disposición	Optimismo, intención
250	Neutralidad	Confianza, revelación
200	Valor	Afirmación, inspiración
175	Orgullo	Desprecio, ego
150	Enojo	Odio, agresión
125	Deseo	Ansia, esclavitud
100	Miedo	Ansiedad, retraimiento
75	Dolor	Arrepentimiento, abatimiento
50	Apatía	Desesperación, abdicación
30	Culpa	Culpa, destrucción
20	Vergüenza	Humillación, eliminación

Capítulo 7
El poder de la esperanza

Yo creo en la humanidad. Somos una especie increíble. Seguimos siendo simplemente criaturas infantiles, y también seguimos siendo desagradables unos con otros. Todos los niños pasan por estas fases. Estamos creciendo; estamos entrando en la adolescencia. Cuando crezcamos, ¡vaya que vamos a ser algo!

—Gene Roddenberry
creador de *Viaje a las estrellas*

Es fácil desanimarse en el mundo actual. Existen muchos problemas humanos que dominan nuestros encabezados y preocupan nuestra mente. Puede parecer que el mundo está cada vez peor. Ni duda cabe que necesitamos cambiar nuestros caminos o arriesgarnos a padecer serias consecuencias.

Sin embargo, pienso que todos nuestros problemas pueden transformarse en un instante. Toda la negatividad con la que nos enfrentamos es sólo una manifestación de nuestro mundo interno, e igual que puede cambiar de forma instantánea un estado de ánimo o un pensamiento, lo mismo puede pasar con el mundo.

El punto importante no es ver el estado temporal del mundo sino lo que hay bajo la superficie. Si tú crees que las personas verdaderamente desean la paz, entonces no hay razón para desesperarse. Si las personas actúan egoístamente es sólo porque han sido momentáneamente cegadas por la situación por la que atraviesan. Abandona tu necesidad de juzgar o culpar a otros, independientemente de qué tan horrible pueda parecer su conducta. La acción más efectiva que puedes llevar a cabo es actuar sobre la base de tu propia naturaleza, y pronto otros harán lo mismo cuando estén listos. Ve más allá del mundo del pensamiento, pon tu verdadera naturaleza en acción y el resto del mundo te seguirá.

Sólo necesitas una cosa en el mundo. No es dinero. No es fama. Ni siquiera es comida. Todo lo que necesitas es esperanza. Mientras la tengas, tendrás todo. Este es tu derecho de nacimiento que jamás deberías perder. Si mantienes la esperanza, tus demás necesidades pronto se verán satisfechas.

Tú eres la Tierra

Yo planteo que todos buscamos reconectarnos con la Tierra como una fuente de esperanza en el mundo. Primero que nada la Tierra es nuestro valor común y puede ser el medio para reunir a la humanidad. No importa cuán distinto te veas o cuán extraña pueda parecerme tu cultura, ambos dependemos completamente de esta Tierra. Vista desde el espacio, la Tierra no tiene límites reales, excepto donde el planeta termina y el espacio comienza. Debemos apoyar a la Tierra pronto, o corremos el riesgo de perderla junto con nuestra propia supervivencia. Necesitamos darnos cuenta de que ella, la Tierra, es nuestro lazo común y la fuente de nuestra única y verdadera identidad.

Hablamos algunas veces de ser norteamericanos o coreanos o brasileños o africanos, pero, en realidad, sólo somos humanos terrícolas. Las identidades nacionalistas y los límites no son otra cosa que ilusiones de separación. Imagina cómo este sencillo cambio de conciencia podría transformar nuestro panorama medioambiental y político para bien.

Los hopi, el pueblo nativo que habita cerca de mi casa en Sedona, Arizona, aplican a la Tierra un sistema de fisiología energética que se asemeja mucho a la fisiología del ser humano. De acuerdo con su tradición, la Tierra gira alrededor de un eje, el cual funciona como una columna vertebral humana. A lo largo de esta columna vertebral pueden encontrarse una serie de centros energéticos, análogos a los chakras del cuerpo humano, mismos que resuenan como un tono musical primario en armonía con toda la creación. La humanidad, según la ven ellos, es simplemente un microcosmos de la Tierra. Se nos ha dado el don de la expresión musical, verbal y artística no para nuestra propia gloria sino como un medio para que la Tierra y toda la creación se exprese (Kalweit).

Me gustaría proponer que experimentar de manera positiva y directa la naturaleza e interactuar con ella es esencial para tu salud. Desde el surgimiento de la Revolución Industrial la humanidad se ha ido desconectando cada vez más de la Tierra que nos sostiene y el efecto ha sido lamentable. Es evidente que la salud humana actualmente se ve amenazada por problemas medioambientales, como la contaminación y la reducción de la capa de ozono, pero también me gustaría señalar que los efectos de esto van más allá, que la desconexión de la naturaleza es, en esencia, un problema espiritual que como consecuencia nos lleva también a problemas del cuerpo y de la mente.

El autor Richard Louv, en su libro *Last Child in the Woods: Saving Our Children from Nature-Deficit Disorder* (*El último niño en el bosque: salvemos a nuestros niños del desorden de déficit de naturaleza*) propone que muchos problemas mentales y emocionales que se presentan cada vez más en los niños, están relacionados con una disminución cada vez mayor de contacto directo con la naturaleza. Cita un estudio en el cual los niños con Desorden de Déficit de Atención e Hiperactividad (DDAH) se concentraban mejor en las tareas en ambientes naturales y no en ambientes urbanos.

Si ves que no puedes concentrarte, quizá estarás de acuerdo en que no sólo los niños pueden ser víctimas del desorden de déficit de naturaleza. Podría aseverar que parte de la razón por la cual los adultos cada vez están más afligidos con ansiedad, depresión y otras formas de perturbación psicológica es debido a que simplemente no están enraizados.

Aquí quiero decir enraizados en el sentido más literal de la palabra: personas que están desconectadas de la Tierra misma que sostiene su vida. Se hace evidente en la forma como producimos comida, en cómo elegimos trabajar e interactuar entre nosotros. Cuando nos desconectamos de la naturaleza al parecer también nos desconectamos unos de otros; nuestras relaciones se vuelven amargadas y nuestra salud mental se ve comprometida. Y, a medida que continuamos ignorando el importantísimo papel que tiene la Tierra en nuestra vida, dejamos que el planeta se acerque aún más a la ruina medioambiental, y sin querer damos entrada a las enfermedades físicas que lo acompañan: cáncer, desórdenes respiratorios, problemas hormonales, etc.

Desarrolla un cerebro de amplios beneficios

Lo mejor que puedes hacer para traer un sentido de esperanza a tu vida es descubrir un sentido de propósito. Pero, ¿cómo puedes conocer tu propósito real? Quizá lo has buscado durante treinta o cuarenta años y jamás has encontrado la respuesta.

No puedo responderte esa pregunta de forma exacta porque finalmente depende de ti. Lo que sí sé es que sea cual sea tu misión en la vida serás de gran servicio para la humanidad. Considero que cada persona tiene un gran deseo interno de encontrar una forma armoniosa de vida en el planeta y contribuir con algo de valor al mundo. En coreano llamamos a esto el ideal *Hong-ik*, que se refiere al deseo de ser benéfico, no sólo para ti sino para toda la humanidad.

Esta clase de mentalidad puede ser una gran fuente de esperanza continua en tu vida. Las personas que tienen un claro sentido de propósito jamás están desesperanzadas, porque siempre saben que pueden marcar una diferencia aun si sólo es dando un paso a la vez.

Existe una evolución natural en la vida de la cual desafortunadamente muchos de nosotros nos hemos alejado. Es como si muchos fuéramos orugas que hemos decidido no convertirnos en mariposas. O quizás simplemente se nos olvidó que somos capaces de convertirnos en mariposas.

Según lo veo, el lapso de vida humana consta de tres fases. Primero tenemos una fase de crecimiento que por lo regular se experimenta durante la niñez, la adolescencia y a principios de nuestra segunda década de vida. Por supuesto, seguimos creciendo a lo largo de nuestra vida, pero este es un periodo particularmente intenso de investigación y experimentación durante el cual tratamos de conocernos a nosotros y al mundo.

A finales de esa segunda década y a principios de la tercera entramos en lo que yo llamo la "fase de éxito", durante la cual tratamos de crear algo tangible con nuestra vida en el mundo físico, tal vez a través de nuestra profesión o del desarrollo de nuestras finanzas. El problema es que la mayoría parece estancarse en esta fase de éxito, pensando que se trata del aspecto más importante de la vida. Esto es algo parecido a una oruga que piensa que no puede hacer nada con su vida más que pasarla comiendo hojas todo el día.

En realidad, la oruga tiene la capacidad de transformarse en una hermosa mariposa, igual que tú puedes transformarte mucho más allá del éxito en el mundo físico. Al no darse cuenta de esto, muchas personas eligen el éxito material para, finalmente, sentirse insatisfechos cuando por fin llega.

Estas eternas orugas no comprenden que existe una etapa más, la etapa más importante, que constituye la fuente de la felicidad auténtica y duradera. Esta es la etapa que yo llamo "etapa en la que el alma se completa." Una vez que has logrado el éxito en el mundo "real", sea como quieras definirla, puedes alcanzar la etapa de mariposa enfocando tu mente a una clase distinta de éxito en la cual encuentres la expresión plena de tu sentido más elevado del ser. Esto puede comenzar en cualquier momento de tu vida, pero el estado adulto avanzado es la etapa ideal, **una** etapa en la cual muchos otros anhelos ya se han satisfecho.

Estar completo significa alcanzar un estado en el que se está totalmente despierto, en el cual **te sientes** y vives de acuerdo con un estado continuo de unión. Esto significa dar un paso más allá del ego del pequeño yo, para cumplir tu misión de servicio a la humanidad. En este punto tu mente estará envuelta en una alegría constante, y finalmente podrás convertirte en esa hermosa y revoloteante mariposa.

Resonancia vibratoria

De múltiples formas, nuestros sentidos nos engañan para hacernos pensar que las distintas personas y objetos que hay en el mundo están separadas unas de otras. Ahora la física nos dice que no existen límites definidos entre las cosas o entre las personas.

De una forma muy práctica, puedes ver cómo es posible que las vibraciones tengan influencia en nosotros. Seguramente has entrado a una habitación que se siente pesada y negativa; algunas veces esto puede deberse a que los presentes acaban de discutir un tema difícil. Aun si han dejado de hablar, o incluso si acaban de dejar la habitación, lo puedes seguir sintiendo. Se trata del efecto de las ondas cerebrales de esas personas sobre la atmósfera que te rodea.

Hasta los objetos inanimados pueden portar vibraciones que influyen en nosotros. Algunas veces un cuarto se siente negativo, no debido a algún evento humano sino a la vibración inherente a los objetos que hay en la habitación. Podríamos decir que los decoradores de interiores y los artistas son maestros de la vibración, pues manipulan la forma como los colores y las formas interactúan para tener un efecto sobre tu cerebro.

La experiencia de la belleza es la experiencia de las vibraciones que resuenan contigo de una forma que te abre al mundo que te rodea. Si alguna vez te has asombrado frente a algo has experimentado la sensación de expansión que puede venir a través de la belleza. Cuando esto ocurre, tu cerebro está reconociendo las vibraciones de alto nivel que añora. Este sentido de belleza puede venir en la forma de objetos, personas o acciones hermosas. Y la verdad maravillosamente asombrosa es esta: a medida que expandas la capacidad de tu cerebro la belleza del mundo se hará cada vez más evidente frente a tus ojos, hasta que finalmente la totalidad de la imagen hermosa de la realidad te sea revelada.

Si el color y la forma de los objetos pueden tener tanta influencia en nosotros, imagina cuánta influencia podemos ejercer unos en otros. Estoy seguro que lo has percibido cuando alguien está de mal humor, pues ese estado de ánimo tiende a anularte. De la misma manera, la sonrisa de una persona puede dar un giro completo a tu día. Imagina la diferencia que podríamos hacer si verdaderamente tratáramos de usar esto a plenitud. Una cantidad suficiente de personas que produzcan ondas cerebrales positivas podría cambiar el mundo, ¿no crees?

Un cambio en la conciencia humana colectiva requiere, en esencia, una comunicación invisible e inaudible entre los cerebros. Conforme aprendas a orientar tu cerebro hacia la información positiva la humanidad entera también será elevada. Eso puede parecer abrumador al principio, pero sólo necesitas cambiar primero tu cerebro para que trabaje de una forma lo más sana posible para tu propio cuerpo y para la Tierra.

Yo veo el tallo cerebral como una antena maravillosa que puede enviar y recibir mensajes hacia y desde el mundo que te rodea. A este medio de comunicación se le llama *Chun-ji-ki-un*, o energía cósmica. Como estás conectado a todos los demás seres vivos a través de esta energía cósmica, eres un participante integral en la creación de una forma de vida mejor y más sustentable en este planeta.

Nadie tiene que enseñarte a que no te gusten las ondas negativas de energía. Esta sabiduría ya está escrita en tu cerebro. Los argumentos complejos acerca de la moralidad parecerán debatibles si aprendemos a responder a la energía y no a las palabras de los demás. Echa un vistazo a la siguiente lista de atributos humanos:

- Alegría
- Desesperación
- Honestidad
- Lealtad
- Tristeza
- Amor
- Esperanza
- Desprecio
- Brutalidad
- Gratitud

Estoy seguro que podrías clasificar cada uno como "negativo" o "positivo" sin pensarlo dos veces. No se requiere un análisis, y nadie tiene que trabajar mucho para convencerte de que uno es mejor que el otro. Esto es debido a que algunos de estos rasgos muestran a una persona con ondas cerebrales positivas, mientras otros son portadores de una vibración más negativa. No se tiene por qué discutir sobre lo correcto o incorrecto de estos rasgos porque tu cerebro ya sabe de forma instintiva cuáles promueven la salud y cuáles la denigran. En esencia, tu cerebro tiene hambre de vibraciones positivas que ayuden a mantenerlo saludable, tal y como tu cuerpo añora los nutrientes que promueven la salud.

Desarrolla la mente infinita

Quizá te preguntes por qué la humanidad muchas veces elige las vibraciones de conciencia negativa cuando el cerebro se inclina de forma natural a elegir las positivas. En algún punto de nuestro desarrollo, tal vez debido a una dependencia excesiva de nuestra mente racional, nos convencimos de que la vida consiste en competir y adquirir bienes. Inventamos mitos sobre la escasez de bienes y también sobre la necesidad de sentirnos superiores a nuestro prójimo. Y lo peor de todo, decidimos que el poder es algo que procede de fuera de nosotros. Así pues, comenzamos a pelear para asegurar nuestro lugar en un mundo de limitaciones percibidas.

Aunque parece que estamos peleando para nuestro beneficio, la negatividad también se ha volcado a nuestro interior, impidiéndonos acceder al verdadero poder que procede de nuestro interior. La negatividad se ha vuelto un substituto del verdadero poder porque éste raras veces es tomado en cuenta. Los niños crecen pensando que su nacionalidad, las calificaciones, la popularidad y cosas por el estilo los hacen ser quienes son.

No es de extrañar, entonces, que tantos jóvenes se sientan apesadumbrados por un sentido de desilusión cuando llegan a la etapa adulta. Los adolescentes, en especial quienes han crecido en ambientes muy dañinos, lo demuestran en sus conductas y actitudes autodestructivas. Al sentirse impotentes, optan por conductas y patrones de pensamiento negativos como substituto del poder verdadero. La juventud debería ser un tiempo de autodescubrimiento y desarrollo feliz, pero para muchos jóvenes la adolescencia se vuelve un tiempo en el que sienten rechazo hacia sí mismos y divagan sin propósito alguno.

Por eso pienso que necesitamos una revolución educativa drástica. Necesitamos una reforma total, no del tipo que tiene que ver con calificaciones en pruebas sino una clase de reforma educativa que inspire a los niños a encontrar su propia felicidad. El sistema actual de competencia y evaluación va, de forma innecesaria, en contra de ese poder, incluso para los pocos que sobresalen dentro del sistema. Por eso desarrollé la Educación Cerebral.

El objetivo de la Educación Cerebral es dar a las personas la capacidad de usar su sistema operativo cerebral de manera efectiva. Se nos da un instructivo cuando compramos un auto, una computadora, o cualquier otro aparato tecnológico, pero desafortunadamente nadie nos da un instructivo para nuestra tecnología más completa: el cerebro. Sería maravilloso si recibiéramos uno cuando nacemos, ¿no lo crees? Sería maravilloso si tan sólo pudiéramos buscar en un libro para saber cómo manejar nuestras emociones, cómo sacar el máximo provecho de nuestras capacidades y cómo encontrar la paz en un mundo frenético.

En cierto sentido, sin embargo, tenemos ese instructivo, pero debemos reaprender cómo leerlo. Existe en la forma de la sabiduría inherente que constituye el derecho de nacimiento de toda persona. Si tan sólo dejaramos de interponernos en su camino, veríamos que esa sabiduría está ahí, escrita en la naturaleza misma del cerebro.

Sé que si estás leyendo este libro ya estás interesado(a) en tu desarrollo. Eso es poco común y maravilloso al mismo tiempo, pero me gustaría que hicieras un pequeño cambio en tu perspectiva al respecto. Por favor, cambia tu mente de autodesarrollo hacia una mente de desarrollo infinito. En otras palabras, cree realmente en tu verdadero potencial y siente la alegría de tu naturaleza infinita. Corre, no camines, pues el mundo te está esperando. No te conformes con lo suficientemente bueno; deja de ponerte límites. Crear límites es negar la vida, y los límites son un sacrilegio contra tu cerebro.

El regreso a la unidad

Pienso que todo en la existencia humana forma parte de la gran conciencia en desarrollo del universo. Todos los santos y sabios del mundo han estado diseminando esencialmente el mismo mensaje que contiene una súplica para regresar a la unidad. Incluso la ciencia nos ha movido en esa dirección.

Por ejemplo, la búsqueda que hizo Einstein de una teoría del campo unificado, su elusiva *teoría del todo*, puede verse como este mismo anhelo por la unidad en la forma científica. La ciencia, por definición, se caracteriza por separar y etiquetar; de ahí que tengamos el sistema de clasificación en el cual todas las cosas se dividen por filo, clase, orden, y así sucesivamente. Pero la física cuántica, según se representa en libros como *El tao de la física* y en películas como *¿Y tú qué sabes?*, muestra que cuando dividimos las cosas en partículas más y más pequeñas, al final todo es energía. Finalmente llegamos a la misma conclusión a la que llegaron los sabios antiguos: la forma es una ilusión y todos somos uno.

Yo considero que la información viene a nosotros en tres formas importantes, y estos elementos unidos poseen el sorprendente poder de transformar las ondas cerebrales, así como vidas y finalmente a todo nuestro planeta.

En primer lugar está la *música*, que tiene el poder de crear estados de ánimo y evocar emociones. En segundo, está el *mensaje*, que forma la estructura de nuestro sistema de creencias e influye en la calidad de nuestras relaciones. En tercero, está la *acción*, que es el reflejo final del contenido de nuestro cerebro.

Si aprendemos a utilizar bien estas tres cosas, creo que podemos albergar una gran esperanza para nosotros y para el planeta. Una de mis canciones favoritas: *Desde la distancia*, de Bette Midler, posee dos de estos tres elementos. Combina la música con el mensaje para ejercer un efecto poderoso, y también puede inspirarte a actuar si crees en su mensaje. Me encanta la letra, porque me recuerda hacia dónde nos dirigimos todos.

*Desde la distancia el mundo parece azul y verde
Y las montañas cubiertas de nieve, blancas.
Desde la distancia el océano se encuentra con el río,
Y el águila emprende el vuelo.
Desde la distancia hay armonía
Y hace eco en la tierra.
Es la voz de la esperanza, es la voz de la paz,
Es la voz de todo hombre.
Desde la distancia todos tenemos lo suficiente,
Y nadie carece de nada.
Y no hay armas, ni bombas ni enfermedad,
Ni bocas hambrientas que alimentar.
Desde la distancia todos somos instrumentos
Que marchan en una misma orquesta
Tocando canciones de esperanza, tocando canciones de paz.
Son la canción de todo hombre.
Dios nos observa. Dios nos observa.
Dios nos observa desde la distancia.
Desde la distancia te ves como mi amigo,
Aunque estemos en guerra.
Desde la distancia no puedo entender
El propósito de toda esta guerra.
Desde la distancia hay armonía
Y hace eco en la tierra.
Es la esperanza de toda esperanza, es el amor de todos los amores,
Es el corazón de todo hombre.
Es la esperanza de toda esperanza, es el amor de todos los amores,
Esta es la canción de todo hombre.*

Y Dios nos observa. Dios nos observa.
Dios nos observa desde la distancia.
Oh, Dios nos observa. Dios nos observa.
Dios nos observa desde la distancia.

Esta canción resume todo lo que necesitamos para transformar nuestra vida y el mundo, y abarca el propósito más elevado de la vibración de ondas cerebrales.

Espero que la vibración de ondas cerebrales pueda darte la distancia que necesitas para ver tu propia vida y todos los problemas que vienen con la existencia humana, desde la distancia, aún si sólo es por unos momentos. A medida que te alejes de tu pensamiento constante y tus preocupaciones continuas creo que podrás ver las bendiciones que hay en todas las cosas. Desde ese lugar comenzarás a ver la hermosa perfección de todo y te acercarás más a la perfección de lo que ya está en tu interior.

Vivimos en un tiempo hermoso y lleno de esperanza. Nos encontramos en un punto de quiebra y tu contribución al mundo es más necesaria que nunca. Todos tus problemas, todos los problemas de tus ancestros, todos los problemas de toda la vida nos han llevado a este momento, aquí y ahora. Tú eres la culminación del gran anhelo de la vida; tú eres la esperanza del mundo.

PARTE II

Práctica

El viaje comienza

Una onza de acción bien vale una tonelada de teoría.

—Ralph Waldo Emerson, filósofo

Ya has llegado a la parte más importante de la vibración de ondas cerebrales: la práctica real del método. Los principios detrás de ella son importantes y espero los mantengas en mente para tu inspiración y guía continua, pero no tienen utilidad alguna a menos que los lleves a la práctica de manera intencional y deliberada.

La actitud mental que mantengas durante esta práctica es muy importante. Por favor, enfócate en ella poniendo énfasis en la intención. Planea utilizarla como una herramienta mediante la cual vas a transformarte a ti mismo, y no sólo como una rutina de acondicionamiento físico. Cree plenamente que una versión perfeccionada de ti está esperando justo por debajo de la superficie de tu existencia, y usa este método como una forma de sacudirte todas las falsas capas de identidad que se han estado interponiendo en tu camino.

A medida que practiques, mantén en tu mente una imagen de la persona que deseas ser. Visualiza la imagen a todo color con cada detalle minúsculo en su lugar. Al principio puede no quedarte muy clara esta imagen de tu yo perfeccionado. Quizá estés inseguro con respecto a quién realmente deseas ser; si este es el caso, no te preocupes. Es natural al comienzo de cualquier viaje. No sabes cómo se ve el Gran Cañón hasta que llegas ahí ¿cierto?, pero puedes imaginarlo y esa imaginación constituye una parte importante que te impulsará hacia él.

Simplemente enfoca toda tu atención, y cada vez te quedará más y más claro. Puedes comenzar con una idea general de quién quieres ser, estableciendo metas pequeñas y alcanzables. A medida que obtengas confianza y conciencia tu verdadera identidad se hará cada vez más evidente, como una imagen que surge en una fotografía instantánea.

Y, lo más importante, recuerda siempre que este entrenamiento es para ti. No lo estás haciendo para agradar a nadie o para obtener algo de alguien más. Este es un momento precioso contigo en un mundo que siempre está llamándote para que salgas de ti. Incluso cinco minutos de práctica pueden volverse eternos si te permites entrar en lo profundo de ti para explorar el paisaje infinito que hay en tu interior.

Te deseo gran alegría y paz en el inicio de tu viaje de descubrimiento.

Lineamientos para la práctica

Existen unas cuantas reglas para la vibración de ondas cerebrales. Te sorprenderá descubrir que con la práctica puedes experimentar los beneficios del método casi en cualquier lugar y en una gran variedad de formas. Aunque estoy ofreciéndote algunos lineamientos para empezar, la vibración de ondas cerebrales es un ejercicio que continuamente se está reinventando a sí mismo. Al final, puede haber tantas formas como practicantes. A medida que descubras más acerca de tu cuerpo y su respuesta ante la vibración, probablemente ajustarás tu práctica para que se adapte a tus necesidades particulares. No existen reglas estrictas sobre la práctica de la vibración de ondas cerebrales, pero mientras tanto, te presento algunos lineamientos básicos que te ayudarán a tener un buen comienzo:

Lo más grande no siempre es lo mejor

Cuando las personas comienzan a practicar la vibración de ondas cerebrales algunas veces piensan que hacer movimientos más grandes y más rápidos dará como resultado mejores efectos, pero no necesariamente ocurre así. Están acostumbrados a pensar que entre más duro trabajen en algo, mejores serán los resultados. Con frecuencia esto resulta ser cierto, pero debes recordar que la vibración de ondas cerebrales trabaja sobre la base de un principio muy distinto a otras formas de ejercicio. La vibración de ondas cerebrales no consiste en mover los músculos, hacer latir el corazón o quemar calorías, aunque todas estas cosas pueden ofrecer beneficios adicionales. Más bien, consiste en mejorar el sistema energético del cuerpo, especialmente en lo relacionado con tu cerebro. Esto podría significar que son necesarias vibraciones muy sutiles. De hecho los movimientos largos y vistosos tenderán a atraerte hacia el mundo externo, y ese no es el efecto deseado. Cuando comiences concéntrate en tu cuerpo para descubrir tu propio ritmo natural. Comienza con movimientos sencillos y sutiles y deja que la sensación crezca a partir de ese punto.

Practica en cualquier momento, durante tanto tiempo como lo sientas apropiado

Muchas personas dicen que no pueden apegarse a sus rutinas de acondicionamiento porque simplemente no tienen tiempo. Con la vibración de ondas cerebrales no sueles acostumbrarte a esta excusa; no existe una cantidad de tiempo específica necesaria para practicarla. Una sesión puede ir de 3 minutos a una hora o más. Cualquier descanso durante el día —incluso mientras estás sentado en tu escritorio— puede convertirse en un descanso de vibración de ondas cerebrales. Los resultados que obtengas dependerán de cuán bien te enfoques y cuán profundamente estés dispuesto a entrar en las vibraciones, no de la cantidad de tiempo que pases haciéndolo. Comienza con varias sesiones de tres a cinco minutos y ve incrementando gradualmente la cantidad de tiempo que ocupes en una sola sesión. Finalmente trabaja hasta llegar a sesiones de 10 minutos o más para recargar el cuerpo con energía fresca. Más tarde aprenderás a ajustar conscientemente la fuerza de la vibración y la cantidad de tiempo que ocupes para adaptarte a la condición de tu cuerpo.

Toma en consideración tu ambiente

Puedes practicar la vibración de ondas cerebrales en cualquier lugar, pero descubrirás que distintos lugares te proporcionarán efectos diferentes. Puedes practicar fácilmente en tu escritorio con versiones sencillas de la vibración de ondas cerebrales, como el Movimiento de Cabeza (página 139), incluso en medio de una oficina ocupada. Sin embargo, algunas veces quizá desearás entrar más profundamente en la vibración de lo que esa clase de ambiente te permite. En tal caso, resulta ideal practicar en un lugar tranquilo con pocas distracciones, donde nadie te interrumpa. Si tienes la oportunidad de hacerlo, es una buena idea practicar con otras personas en un centro de entrenamiento. Cuando practicas con otras personas, las ondas cerebrales resuenan y eso profundiza la experiencia e intensifica el efecto.

Ten confianza

Este método es tan sencillo que puede ser dominado simplemente leyendo este libro. No obstante, cuando lo pruebes por vez primera es natural que te sientas raro con respecto al proceso y te preguntes si tu postura es correcta. Te puede preocupar verte tonto, o pueden surgir algunas dudas acerca de la validez del método.

Trata de vaciar tu mente de estos pensamientos y simplemente sigue la sabiduría natural de tu cuerpo. Recuerda que no existe una forma correcta o incorrecta para practicar. Si eres sincero y estás dispuesto a enfocarte en ti, tus resultados serán excelentes.

Escoge bien tu música

Estrictamente hablando, la práctica de la vibración de ondas cerebrales no requiere música. Tiene que ver con tus propios ritmos internos, no con moverte a un ritmo, como cuando bailas. Sin embargo, la música puede ser de utilidad cuando comienzas. Obviamente, la música demasiado lenta y sentimental no es apropiada para la vibración. La música más efectiva para la vibración de ondas cerebrales es la música con un ritmo fuerte de base, como la que encontramos en muchas formas de percusión tradicional. He visto que el *sa-mul-no-ri* coreano es especialmente efectivo porque despierta el cerebro con una combinación animada de sonidos de gongs y tambores, generando una poderosa vibración que puedes sentir en todo tu cuerpo. Además del *sa-mul-no-ri*, los instrumentos tradicionales de percusión de África y Sudamérica ofrecen una repetición sencilla y primitiva de sonido que duplica los ritmos básicos de la vida. La música sirve para inducir el estado mental apropiado para la vibración de ondas cerebrales al principio; no obstante, a medida que pase el tiempo, el ritmo del cuerpo debería sobrepasar el ritmo de la música. Asegúrate de enfocarte en tu interior en todo momento y permitir que tu propio ritmo surja.

Envíate un mensaje positivo

El objetivo de la vibración de ondas cerebrales consiste en aquietar por completo la mente de modo que los poderes latentes del cerebro puedan estar en primer plano. No obstante, esto no resulta fácil para la mayoría de las personas, pues están acostumbradas al parloteo constante habitual de su mente. En lugar de tratar inútilmente de apagar tu mente, puedes concentrarte en un solo pensamiento positivo. Escoge algo altamente inspirador que se relacione con tu visión personal. Por ejemplo, podría ser algo tan simple como: *Soy íntegro. Soy uno.* Canta esto para ti, ya sea en silencio o en voz alta, como un mantra personal mientras practicas. A lo largo de este proceso las vibraciones de tu propia voz se añadirán al efecto general sobre tus ondas cerebrales, y fortalecerán tu intención transformadora. Si tienes una debilidad, dolor o enfermedad en tu cuerpo, puedes también decir el nombre de esa parte específica mientras practicas la vibración de ondas cerebrales. Por ejemplo, si padeces del corazón, entonces repite un enunciado afirmativo sencillo, como: *Corazón sano, corazón sano.*

Respira bien

Debido a nuestra acelerada y estresada forma de vida, la mayoría de nosotros no respiramos apropiadamente. Nuestra respiración se vuelve corta e inestable. No fuerces tu respiración; mejor enfócate en respirar de manera natural mientras estás practicando la vibración de ondas cerebrales. Concéntrate en exhalar completamente porque esto te ayudará a liberar tensión del cuerpo. Asimismo, abre la boca un poco para dejar que tu respiración fluya libremente. Imagina que estás expeliendo toda la energía negativa de tu cuerpo por tu boca y nariz.

Espera altibajos

En la Yoga Dahn existe una frase: *Myung-hyun*, la cual se refiere a un fenómeno energético que ocurre a medida que el cuerpo cambia. *Myung-hyun* significa literalmente "la intersección de la luz y la oscuridad", y refleja el hecho de que la energía negativa será arrojada a medida que nueva energía fresca entra al cuerpo. Algunas personas experimentan esta transformación en la forma de dolores corporales como si tuvieran un resfriado o fatiga y pesadez en el cuerpo. Sin embargo, puede tomar muchas formas, tanto físicas como psicológicas. *Myung-hyun* ocurre cuando el flujo alguna vez bloqueado del *ki* se restablece, lo cual puede resultar incómodo. Es, en realidad, una buena señal y no debería desanimarte con respecto a una práctica posterior. De hecho, entre más practiques más rápidamente cederán los síntomas. Es una señal de que tu condición energética está mejorando. Los síntomas deberían ser inofensivos y temporales, así que busca el consejo de un doctor si tienes síntomas graves o duraderos.

Precauciones al momento de la práctica

La vibración de ondas cerebrales es tan sencilla que cualquiera puede llevarla a cabo a cualquier edad y en cualquier condición. No obstante, como cualquier ejercicio, no debes forzarte más allá de tus límites y deberías discutir tus planes con tu médico si te preocupa tu preparación física para participar en él. A continuación te presento algunas precauciones a tomar en cuenta:

Si eres una persona mayor o te encuentras muy débil

Primero necesitas estimular tu energía física. El centro de dicha energía se localiza en tu abdomen inferior, unos cinco centímetros debajo de tu ombligo. Antes de comenzar con el ejercicio de vibración de ondas cerebrales de Cuerpo Entero, calienta con el ejercicio de Vibración Abdominal que está en la página 148. Cuando comiences la práctica de cuerpo entero, comienza sólo con movimientos vibratorios ligeros. Si estás de pie durante la práctica, asegúrate de que tus pies estén firmemente plantados en el suelo y que tus rodillas están ligeramente dobladas. Si es necesario, siéntate o recuéstate. También puedes practicar al tiempo que te balanceas contra un objeto estable, como una pared o un mueble macizo.

Si te mareas fácilmente

Probablemente se debe a que tu energía tiende a acumularse en tu cabeza. Si tu energía repentinamente cae a la parte inferior de tu cuerpo, puedes sentirte mareado. Como la mayoría de las personas hoy en día tienen demasiada energía en la cabeza, el mareo es algo que ocurre comúnmente a medida que el sistema energético comienza a regresar a un estado saludable. La clave para vencer este problema consiste en aprender a centrar tu energía en tu abdomen inferior (llamado *Dahn-jon*) a través de la concentración relajada. Antes de comenzar con el entrenamiento regular en vibración de ondas cerebrales, practica la Vibración Abdominal (página 148) durante varios minutos. Relaja tus hombros por completo y visualiza cómo la energía se asienta en el abdomen inferior; continúa hasta que el abdomen se sienta caliente. Después de la Vibración Abdominal respira profundamente inhalando y exhalando tres veces, liberando toda la tensión remanente de tu cuerpo. Cierra los ojos y siente cómo las vibraciones circulan por el cuerpo. El mareo puede también presentarse si dejas repentinamente el entrenamiento en vibración de ondas cerebrales, así que asegúrate de moverte con cuidado después de la práctica.

Si estás extremadamente tenso

Prepárate para el ejercicio. La mayoría de las personas cargan una tensión excesiva en su cuerpo. Algunas veces los mismos patrones de tensión se han venido repitiendo durante años, así que puede ser difícil dejar ir la tensión. Básicamente así está habituado tu cuerpo, lo cual es resultado directo de los hábitos de tu cerebro. Si intentas llevar a cabo la vibración de ondas cerebrales en este estado, podrías jalar un músculo o provocar alguna otra lesión en tu cuerpo. Además, se te dificultará sentir las vibraciones de tu cuerpo si la circulación está bloqueada por la tensión. Antes de comenzar la práctica de la vibración de ondas cerebrales relaja tu cuerpo girando lentamente tu cabeza hacia la izquierda y hacia la derecha y rotando los hombros hacia delante y hacia atrás. También puedes hacer algunos ejercicios de estiramiento antes de comenzar. Cuando comiences la vibración de ondas cerebrales, realiza movimientos pequeños y suaves y avanza hasta otros más intensos.

Si no puedes respirar bien debido al asma o a problemas cardiovasculares...

Mientras exhalas, haz un largo sonido de "aaaaaaaahhhh" al tiempo que golpeteas tu pecho para abrir el paso del aire. Enfócate en exhalar todo el aire de tus pulmones. Sentirás una sutil vibración que sale de tu pecho por todo el cuerpo. La Vibración de Giro del Torso (página 146) te será especialmente útil.

Si estás pasando por una enfermedad prolongada o te estás recuperando de ella

Aun así puedes practicar la vibración de ondas cerebrales, pero debes dar pasos para conservar tu energía durante la práctica. Fácilmente puedes practicar si estás recostado y puedes hacerlo con la ayuda de un cuidador. Recuéstate cómodamente, relaja tu cuerpo y cierra los ojos. El cuidador debe sostener tus dos pies y levantar tus piernas ligeramente. El cuidador, entonces, puede comenzar a mover tus pies y balancear tus piernas suavemente hacia arriba y hacia abajo. Sentirás cómo la vibración comienza desde los pies y se disemina por todo el cuerpo. Estar acostado en la cama durante mucho tiempo puede estancar la circulación de la energía del cuerpo, así que practicar esta clase de vibración ligera puede hacer que el cuerpo se sienta renovado y más ligero.

Si tienes artritis u otros problemas de articulaciones…

El dolor en las articulaciones puede distraerte o desanimarte de llevar a cabo la práctica. Para combatir esto comienza con movimientos muy ligeros en las articulaciones con el fin de llevar una mayor cantidad de sangre a estas partes. Asimismo, si sientes dolor, concéntrate en exhalar el dolor junto con la respiración. Visualiza cómo la energía curativa del tallo cerebral viaja por todo el cuerpo hasta las articulaciones. A medida que el dolor disminuya, incrementa tu vibración para que abarque todo tu cuerpo.

El proceso de vibración de ondas cerebrales

La vibración de ondas cerebrales es tan sencilla que no hay necesidad de analizar el método tan concienzudamente. Sin embargo, para una mejor comprensión, deberías estar consciente de que existen tres fases de entrenamiento. En la práctica real estos pasos deberían ocurrir de forma automática sin ninguna distinción entre cada fase. Puede requerir algunas repeticiones, un medio ambiente apropiado y un poco de tiempo extra para experimentar plenamente las tres fases.

Paso 1: Crea vibraciones en tu cuerpo de forma deliberada

Al principio, harás las vibraciones de forma consciente. Puedes hacerlo siguiendo el ritmo de una canción, o simplemente puedes seguir un ritmo que te parezca apropiado. En esta etapa deberías enfocarte en relajar el cuerpo a media que te mueves con el ritmo. Trata de aquietar la mente consciente enfocándote sólo en el ritmo y en los movimientos de tu cuerpo. Evita la preocupación egoísta con respecto a cómo te ven los demás; simplemente enfócate en ti. Para comenzar, mueve suavemente la cabeza a la derecha y a la izquierda. A medida que comiences a sentir tu cuello relajado, agita los hombros hacia arriba y hacia abajo. Deja que la sensación se distribuya por todo tu cuerpo mientras lo mueves, al tiempo que ligeramente te balanceas arriba y abajo. Mientras te mueves, imagina que estás sacudiendo todos tus pensamientos y emociones complicadas. Prueba liberar toda la tensión del cuerpo a través de tu exhalación.

Paso 2: Deja que todo tu cuerpo lleve el ritmo

Una vez que tu cuerpo esté plenamente relajado y tu mente se haya aquietado, puedes comenzar a seguir el ritmo natural. Enfoca tu atención en tus sensaciones físicas. Deja que la vibración se disemine a todas las partes de tu cuerpo. A medida que el cuerpo comienza a llevar el ritmo se relaja por completo y la piel comienza a vibrar. La respiración se hace natural y todos los movimientos siguen su propio ritmo. En este momento comenzarás a hacer movimientos espontáneos con tu cuerpo. Este es el proceso que realiza el cuerpo que se sana a sí mismo. Las vibraciones pequeñas y sutiles se vuelven más grandes a medida que comienzan a adentrarse cada vez más en el ritmo.

Paso 3: Sigue el flujo de la energía

Una vez que la vibración se vuelve natural y familiar, tú te haces cada vez más consciente del movimiento de energía al interior de tu cuerpo. Permítete seguir ese flujo. Así como aprietas el acelerador para aumentar la velocidad de un vehículo, así esta energía incrementada acelerará y fortalecerá las ondas vibratorias de tu cuerpo. Aunque los movimientos tienden a ser más grandes en este punto, también se harán más gráciles y fluirán con libertad. Los instintos naturales de curación de tu cuerpo se manifestarán en este punto y descubrirás que automáticamente asume posturas únicas que promueven la curación para tu condición corporal específica.

Siete metas de la vibración de ondas cerebrales

1. Mantén ondas cerebrales más saludables

Algunos estudios han mostrado que existe un gran beneficio derivado de aprender a disminuir tus ondas cerebrales, de pasar de las ondas betas de alerta máxima a las ondas más relajadas alfa o theta. De forma tradicional, esto se ha alcanzado a través de la bioretroalimentación o de la meditación. Sin embargo, la bioretroalimentación requiere equipo costoso, y la meditación requiere un entrenamiento altamente concentrado. Por otra parte, en la vibración de ondas cerebrales las ondas cerebrales disminuidas pueden lograrse de una manera extraordinariamente fácil. Por medio de la repetición simple y el movimiento, las ondas cerebrales instantáneamente se calman y se estabilizan.

2. Maneja tu estrés

Durante la vibración de ondas cerebrales experimentarás un sentido profundo de relajación. Este es un beneficio muy importante, puesto que la mayoría de nosotros estamos en un estado continuo de estrés. El estrés constante es sumamente debilitante para el cuerpo y al final pueden presentarse muchas enfermedades físicas y psicológicas. Durante la práctica, tu sistema nervioso parasimpático recibe la oportunidad de regresar a tu cuerpo a un estado de sano equilibrio.

3. Activa todas las partes del cerebro

El simple hecho de mover tu cuerpo activará tu cerebro en formas que las conductas sedentarias, sin importar cuán rigurosas sean en el aspecto mental, no pueden lograr. ¿Por qué? Porque todas las partes de tu cuerpo están conectadas con tu cerebro, y cuando te mueves muchas partes diversas de tu cerebro se estimulan de forma simultánea. Y, más que eso, la vibración de ondas cerebrales ayuda a alejar el énfasis mental de la parte pensante del cerebro, la corteza prefrontal de modo que todas las partes del cerebro pueden comenzar a funcionar de manera benéfica. En particular, el tallo cerebral puede comenzar a crear un equilibrio en el cuerpo en formas que, de otra manera, podrían quedar socavadas por los pensamientos productores de estrés de la corteza prefrontal. Asimismo, el contenido emocional negativo finalmente puede liberarse y reemplazarse con información positiva. Las vibraciones rítmicas y los movimientos espontáneos pueden ayudar también a activar la creatividad y la imaginación pues eres transportado a un lugar más allá de la mente racional.

4. Desarrolla hábitos positivos

Tu cerebro posee la sorprendente capacidad de reestructurarse a sí mismo de acuerdo con tus deseos. Sin embargo, las conexiones neurales de tu cerebro pueden también volverse rígidas a través de patrones repetidos de conducta, y, así, puede resultar muy difícil cambiar los hábitos negativos una vez que se solidifican en tu cerebro. La vibración de ondas cerebrales te ayuda a lograr un estado mental abierto y relajado que facilitará más el desarrollo de nuevos hábitos mentales y físicos.

5. Crea felicidad

Muchas personas llevan a cuestas mucho equipaje emocional que les impide experimentar plenamente la alegría de la vida. Encima de eso, tienen muchos conceptos previos y juicios que les impiden estar simplemente presentes en el momento y disfrutar la belleza del mundo tal y como es. La meta principal de la vibración de ondas cerebrales consiste en ayudarte a regresar a un estado sencillo de existencia, un lugar donde puedes experimentarte a ti y al mundo sin pensamientos ni juicios. Con la práctica, se volverá natural descartar emociones antiguas y debilitantes y desarrollar un estado mental positivo.

6. Restaura una condición energética saludable en tu cuerpo

En los sistemas médicos asiáticos, la salud corporal depende del flujo de energía vital por todo el cuerpo. Esta energía, llamada *ki* o *chi*, recorre los canales del cuerpo llamados meridianos. Si estos meridianos están bloqueados, el resultado es dolor o enfermedad. La tensión muscular es una fuente común de bloqueo energético. La vibración de ondas cerebrales ayuda a liberar la tensión que bloquea el flujo de energía *ki* en el cuerpo, mejorando así tu sentido general de vitalidad y salud.

7. Expande la conciencia que tienes de ti y del universo

Finalmente, este método de entrenamiento tiene como finalidad tu crecimiento como persona. Esto significa ir a lo más profundo de ti y, como resultado, expandirte más allá de ti a algo mucho más grande que el sentido limitado del ser de tu ego. La vibración de ondas cerebrales, al aquietar la mente pensante, te permite, al menos por unos momentos, entrar en contacto con el ritmo mayor y con el flujo del universo como un todo.

Vibración de ondas cerebrales básica

Al final de cuentas, puedes llevar a cabo el entrenamiento en cualquier cantidad de posturas distintas, y puedes crear tus propias posturas a medida que sigues el flujo de energía y las necesidades de tu cuerpo. Puedes realizar el entrenamiento con o sin música, pero verás que la música con un ritmo básico fuerte te ayudará a entrar en los ritmos naturales de tu propio cuerpo con mayor rapidez. El punto más importante consiste simplemente en disfrutar y dejar que tu mente pensante se aleje.

Estas posturas son las formas más básicas de vibración de ondas cerebrales y te recomiendo que las sigas al principio. Después, puedes comenzar a improvisar de acuerdo con los dictados de las necesidades de tu cuerpo. Inmediatamente después de este capítulo encontrarás algunas variaciones que a muchos estudiantes les ha resultado particularmente útiles.

El Método de Movimiento de Cabeza

Esta es una de las formas más sencillas y convenientes de vibración de ondas cerebrales. Puedes llevarlo a cabo en cualquier momento durante el día para vivificar tu cerebro, incluso sentado en un escritorio mientras estudias o trabajas. También puedes hacerlo mientras estás acostado antes de dormir. El Método de Movimiento de Cabeza está diseñado para transmitir las vibraciones directamente al tallo cerebral con el fin de lograr una relajación profunda y liberar la tensión. Después de este ejercicio podrás concentrarte mejor y retener mejor la información. También te ayudará a evitar la rigidez de cuello y de hombros que con frecuencia acompañan el trabajo y el estudio. Pruébalo sólo por tres minutos en las tardes, cuando te sientas fatigado, y te sentirás con mucha mayor energía.

1. Siéntate en una silla con los brazos descansando cómodamente a los lados o frente a ti en un escritorio. Puedes también sentarte en el suelo en una postura de medio loto. Cuando estés sentado en una silla, no recargues la espalda en el respaldo, sino mantén la espalda recta.
2. Cierra los ojos y respira cómodamente, relajando por completo tu cuerpo.
3. Comienza moviendo suavemente la cabeza de lado a lado. Es normal que escuches algún ruido procedente de tu cuello cuando comiences, pero éste disminuirá con la práctica. Respira profundamente, centrándote especialmente en la exhalación.
4. Enfócate en tu tallo cerebral, localizado en el punto donde tu cabeza gira a la izquierda y a la derecha.
5. Visualiza cómo tu tallo cerebral y todo tu cerebro se ilumina a medida que profundizas más y más en el movimiento. Tu cabeza también puede ir hacia arriba y hacia abajo

o seguir la forma de un símbolo de infinito a media que te adentras más en el movimiento.
6. Después de unos cuantos minutos regresa lentamente a la conciencia externa, inhalando y exhalando completamente.

Vibración de ondas cerebrales de Cuerpo Completo

La meta en la vibración de ondas cerebrales de Cuerpo Completo consiste en crear una relajación total y un estado mental calmado y meditativo. Con la práctica podrás profundizar más en las vibraciones y los beneficios serán mayores. Finalmente puedes intensificar las vibraciones para incluir todo el cuerpo, cambiando la postura según te parezca apropiado para ti de acuerdo con tu intuición. No existe un requisito de tiempo específico para la vibración de ondas cerebrales, pero quizá desees comenzar este ejercicio con 10 minutos y trabajar hasta 20 ó 30 minutos.

Conforme te sientas más cómodo con este ejercicio, trabaja en dejar ir tus inhibiciones. No deberías preocuparte por cómo te ves o si lo estás haciendo de forma correcta. Deja que sea como un baile improvisado en el cual expresas lo que hay dentro de ti, y, por supuesto, ¡no olvides divertirte mucho!

1. Párate sobre una superficie estable con los pies separados a la altura de los hombros. Dobla las rodillas de modo que tus caderas bajen ligeramente. Deja que tus hombros se inclinen hacia delante un poco y relaja tus hombros por completo.

2. Cierra los ojos y comienza a balancear tus caderas hacia arriba y hacia abajo, siguiendo un ritmo que a tu cuerpo le resulte natural.
3. Enfócate en exhalar y liberar la tensión de tu cuerpo. Sigue balanceándote suavemente durante 5 o más minutos hasta que tu cuerpo se sienta totalmente relajado.
4. Cuando estés plenamente relajado, comienza a seguir tu propia vibración. No existe una postura correcta o incorrecta en este punto: simplemente haz lo que sientas natural. La vibración puede ser intensa o suave, dependiendo de tus necesidades particulares. También puedes sentirte impulsado a realizar movimientos como de baile.
5. A medida que regreses a la conciencia plena, sacude tus brazos y piernas. Inhala profundamente, y recorre tus brazos y tu torso con las palmas de tus manos.

Variaciones de la vibración de ondas cerebrales

Estas posturas están especialmente diseñadas para trabajar con el flujo de energía del cuerpo y lograr una curación profunda de problemas comunes a la mayoría de las personas en la sociedad moderna. Muchas de ellas están especialmente diseñadas para centrar tu energía y revertir los efectos de la tensión en el cuerpo.

La mayoría de nosotros, debido al estrés, al estilo de vida sedentario y a la mente ocupada, padecemos de una afección en la que nuestra energía sufre de altibajos. De manera ideal, tu energía debería estar centrada en el abdomen inferior, pero si eres como la mayoría de las personas, tu energía está más concentrada en la cabeza. Esto lleva a diversas condiciones comunes, como dolores de cabeza, insomnio, presión arterial elevada y problemas digestivos. Incluir estos ejercicios como parte de tu rutina diaria ayudará a que tu sistema energético se restaure a un estado más saludable.

Los primeros dos pueden ser usados como una forma de calentamiento previa a la vibración de ondas cerebrales de Cuerpo Completo. Eventualmente, a medida que mejore tu capacidad de evaluar tus propias condiciones energéticas también puedes crear tus propias variaciones, pero mientras tanto, puedes probar estas versiones que han sido probadas a lo largo del tiempo.

Vibración de Giro del Torso

Este ejercicio te ayuda a liberar la tensión del área del pecho, que por lo regular resulta difícil estirar completamente a través de ejercicios ordinarios de estiramiento. Es una buena opción cuando te sientes apesadumbrado por las emociones, pues trabaja para abrir el pecho, donde tendemos a guardar emociones como la tristeza y la frustración. La Vibración de Giro del Torso también es efectiva para aliviar problemas de pulmones, como asma y bronquitis. Durante este ejercicio enfócate en mover el pecho, no sólo los hombros.

Cuando comiences este ejercicio quizá sientas un poco de dolor en el cuerpo, lo cual indica que tienes algún bloqueo. Las molestias de este tipo son muy frecuentes a los costados, debajo de la caja torácica y en la columna, pero pueden presentarse en cualquier parte del cuerpo. Si el dolor es extremadamente severo, deberías detenerte, pero si no, es mejor superar el dolor para ayudar a abrir el bloqueo.

1. Ponte de pie con los pies a la misma altura y separados a la altura de los hombros. Relaja tu cuerpo por completo, respira cómodamente y cierra los ojos. Dobla las rodillas ligeramente y libera toda la tensión.
2. Levanta los codos hacia los lados y coloca tus manos frente a la parte media de tu pecho. Haz que las palmas de tus manos estén hacia abajo, viendo al piso, pero man-

tén tus manos, hombros y brazos relajados. Dobla las rodillas ligeramente.
3. Gira el torso de lado a lado, como si giraras sobre un eje. Gira sólo la parte superior de tu cuerpo, manteniendo las caderas y los muslos completamente fijos. Inhala y exhala profundamente.
4. Continúa el movimiento durante varios minutos. Si sientes dolor, respira hacia el dolor, enfocándote en dirigir energía fresca y sanadora hacia el área donde sientes el dolor. Sigue hasta que el movimiento te resulte cómodo. Después de unos cuantos minutos, deja caer tus brazos, permitiendo que se balanceen de lado a lado.

Vibración Abdominal

Esta forma de vibración de ondas cerebrales, también conocida como *Aplausos Dahn-jon* ayudará a promover mejorías increíbles para tu salud si la practicas de manera regular. La Vibración Abdominal se encuentra entre los métodos más efectivos para mejorar el equilibrio general de energía en el cuerpo pues aleja la energía de calor de la cabeza y la introduce en el abdomen.

Este es un ejercicio clásico para comenzar a estimular la energía física del cuerpo. La energía física se centra en el abdomen inferior en lo que se conoce como el *Dahn-jon inferior*, pero la mayoría de nosotros, por lo regular debido a la inactividad, no tenemos *Dahn-jons* inferiores fuertes. Esta es una forma de vigorizar el *Dahn-jon* inferior, y, de esta manera, también el cuerpo físico.

Si sufres de problemas digestivos deberías practicar esto de manera consistente, haciendo hasta 1 000 repeticiones por día. Es buena idea hacer de 100 a 200 repeticiones al principio de cualquier sesión de vibración de ondas cerebrales para estabilizar y centrar tu energía. Este ejercicio también puede completarse en una variedad de posturas, incluyendo recostarte sobre tu espalda o de lado. Cuando cambies de posición observarás una diferencia en la sensación, pues se dirige a distintas partes del cuerpo. Si aparecen marcas negras y azules en tu abdomen, no te preocupes, es normal y desaparecerán después de unos cuantos días de práctica.

Variaciones de la vibración de ondas cerebrales

1. Mueve los brazos y piernas para relajarte por completo. Ponte de pie con los pies en paralelo y separados a la altura de los hombros. Dobla las rodillas ligeramente.
2. Levanta tu pelvis de modo que sientas una ligera tensión en el abdomen inferior. Centra tu mente en el área que se encuentra a unos cinco centímetros debajo de tu ombligo y dos hacia dentro del cuerpo.
3. Ahueca las palmas de tus manos ligeramente y comienza a golpetear rítmicamente el área inferior del abdomen con ambas palmas.
4. Comienza con 100 golpecitos. Puedes incrementar el número y la fuerza de los golpecitos a medida que progreses.

Vibración de golpeteo con los dedos de los pies

Esta es otra forma de vibración de ondas cerebrales que puede ayudar a sanar muchos problemas físicos, incluyendo dolores de cabeza, insomnio y problemas de circulación. Al igual que la Vibración Abdominal, la Vibración de golpeteo con los dedos de los pies ayuda a restablecer el equilibrio energético del cuerpo a un estado saludable haciendo descender la energía hacia la parte inferior del cuerpo. También se trata de un muy buen ejercicio de coordinación mente-cuerpo.

La Vibración de golpeteo con los dedos de los pies es también un excelente ejercicio de coordinación cerebro-cuerpo. ¡Como los pies están tan lejos del cerebro puedes darte cuenta que al principio no quieren cooperar! Sin embargo, mantente trabajando en ello y sigue tratando de aumentar tu velocidad y la uniformidad del ritmo.

Los pies también contienen una gran variedad de puntos de acupresión que son estimulados durante este ejercicio. Como todas las líneas de energía terminan en los pies, puedes energizar todo tu cuerpo cuando los estimulas.

1. Recuéstate sobre el piso cómodamente. Descansa los brazos y piernas en el piso y cierra los ojos. Inhala y exhala varias veces para liberar el exceso de tensión.
2. Mientras estás recostado, mueve suavemente la cabeza de lado a lado, permitiendo que tus hombros, brazos, piernas y todo tu cuerpo se relaje. Imagina que todo tu estrés desaparece en el piso.
3. Inhala por la nariz y exhala por la boca, haciendo un sonido como de viento que sopla.

4. Repítelo 3 veces.
5. Haz que tus talones se toquen, que los dedos de tus pies se toquen, y luego separa los dedos otra vez, tratando que los costados de los pies toquen el suelo. Repítelo varias veces en sucesiones rápidas. Ajusta la velocidad del movimiento dependiendo de tu nivel de confort, pero repítelo al menos 50 veces sin parar.
6. Cuando comiences a sentirte fatigado, lentamente deja de golpetear y descansa. Siente cómo la sutil vibración atraviesa la punta de los dedos hasta las rodillas, muslos, caderas y cintura y hasta la parte alta de la cabeza. Ponte como reto hacer un mayor número de repeticiones a medida que practicas.

Meditación energética

Este ejercicio te ayudará a aprender el sentido de presencia de energía. Su nombre tradicional, *Ji-gam*, significa "deja de pensar", y esa es, en esencia, la meta: dejar de pensar. Requiere una concentración profunda y relajada, el remedio perfecto para los cerebros estresados. Deberías estar tan relajado como te sea posible antes de intentar llevar a cabo este ejercicio, así que estira tu cuerpo o usa otras formas de vibración de ondas cerebrales antes de empezar. Al principio, la sensación puede ser sutil. Haz tu mejor esfuerzo por despejar tu mente y concéntrate en esa sensación. Si se te dificulta percibir la sensación, intenta aplaudir con tus manos varias veces antes de aumentar la sensibilidad. Sigue practicando y pronto verás que la sensación se vuelve cada vez más fuerte:

1. Siéntate cómodamente en el suelo o en una silla y endereza tu espalda.
2. Coloca las manos en tus rodillas con las palmas hacia arriba y cierra los ojos. Relaja tu cuerpo, especialmente tu cuello y tus hombros. Inhala profundamente; deja ir cualquier tensión remanente mientras exhalas (la música suave de meditación en el fondo puede ser útil).
3. Levanta las manos lentamente al nivel de tu pecho, con las palmas viendo una hacia la otra, pero sin tocarse. Primero concéntrate en cualquier sensación que puedas sentir entre las palmas de tus manos.
4. Ahora deja un espacio de entre 5 y 10 centímetros entre tus manos y concéntrate plenamente en el espacio. Ima-

gina que tus hombros, tus brazos, tus muñecas y tus manos están flotando en un vacío, y que no pesan.
5. Aparta las manos y acércalas nuevamente mientras mantienes tu concentración. Puedes tener una sensación de hormigueo o una atracción magnética que atrae tus manos para juntarlas o las separa.
6. Cuando la sensación se vuelva más real, separa tus manos más o júntalas. La sensación crecerá y se hará más fuerte.
7. Inhala y exhala, lenta y profundamente, tres veces. Frota tus manos una contra la otra enérgicamente hasta que estén calientes, y luego suavemente pasa las palmas de tus manos sobre tu rostro, cuello y pecho.

Danza energética

Este ejercicio, también conocido como *Dahn-mu*, aumentará tu percepción energética al tiempo que liberará tu gracia y expresividad naturales internas. También es sumamente curativo, pues tu cuerpo adquirirá posturas que ayudarán a realinear el cuerpo y mejorar la circulación. Sería preferible desarrollar una cierta destreza en el ejercicio previo, la Meditación energética, antes de realizar éste. En el tercer paso de la vibración de ondas cerebrales puedes descubrir que tu cuerpo entra de forma natural en esta Danza energética.

Comienza siguiendo las instrucciones para la Meditación energética que se encuentran en la página 152.

Centrándote en las palmas deja que tus manos sigan el flujo de la energía de manera libre. Permite que tu cuerpo quede envuelto en la energía y se mueva en concordancia, libre de inhibiciones y restricciones.

Caminata *Jang-saeng*

Caminar es una forma natural de traer vibraciones rítmicas a tu cuerpo, razón por la cual quizás es tan saludable y refrescante. Con cada paso puedes enviar una ola de energía para que recorra tu cuerpo. La Caminata *Jang-saeng* saca provecho de esto ajustando la postura del cuerpo para un flujo ideal de energía. La palabra *Jang-saeng* significa "longevidad", y eso es justo lo que este ejercicio se propone producir.

Variaciones de la vibración de ondas cerebrales

1. Camina con los pies en forma paralela al tiempo que imprimes fuerza en la *Yong-chun*, un punto energético localizado en la bola del pie y en los dedos de los pies.
2. Mete el coxis hacia arriba y tensa tu abdomen inferior. Mientras caminas inclínate hacia delante ligeramente, inclinándote hacia delante como un grado.
3. Camina sacando el pecho. Respira de forma natural hacia el abdomen, asegurándote de exhalar completamente.
4. Camina con una sonrisa; camina con un sentido de propósito y con el *momentum* de avanzar.
5. Siente cómo las vibraciones sutiles se diseminan por las plantas de tus pies, por tu pecho y por todo el cuerpo.

Epílogo
Deslízate sobre las olas de la vida

Ahora que has aprendido a reconectarte con el ritmo de tu propio cuerpo y mente por medio de la vibración de ondas cerebrales puedes mirar el universo como un vasto océano de posibilidades infinitas. Recuerda que tu vida entera no es sino una ola en ese océano. Todos tus pensamientos y acciones añaden *momentum* y dirección a tu ola. Depende de ti determinar a qué orilla llegará esa ola.

Enfrenta tu vida de la forma como un surfista enfrenta el océano. He escuchado que un surfista debe ser arrastrado cientos de veces antes de tener una actuación verdaderamente buena, pero todos estos momentos de fracaso enseñan al surfista algo acerca del equilibrio. En realidad, no se trata de algo que puedas escribir en un libro, sino de una sensación, una forma de armonizar con la ola. Si buscas esta clase de armonía con todo lo que la vida ofrece, no puedes fracasar.

En ocasiones, cuando estás en medio del mar de la vida, puedes sentirte solo y con miedo. Sin embargo, no tienes razón para temer si simplemente te mantienes conectado con las vibraciones del universo y con la fuente de la vida. La vibración de ondas cerebrales está para ayudarte a mantenerte conectado con el cosmos de una forma sencilla y sin mucho esfuerzo. Por medio de ella puedes descubrir tu mente más pura y tus ideales más elevados de modo que puedas vivir para beneficio de toda la humanidad. En otras palabras, puede ayudarte a ser leal a quien eres en realidad en tu interior.

Por favor, escucha cuidadosamente la canción que proviene del interior de tu alma; es una canción de paz y una canción de esperanza. Te está diciendo que todo lo que realmente quieres vendrá a ti. Te está diciendo que tu potencial es mayor incluso que el océano más ancho. Tu cerebro está esperando, como la estrella polar, para guiarte hacia tu destino.

Espero que también tengas el valor de enfrentar olas cada vez más grandes durante tu vida. No hay ninguna alegría en surfear de forma segura en las aguas protegidas de una bahía. Debes estar dispuesto a desafiarte a ti mismo para lograr la vida que deseas.

Mientras te deslizas sobre la ola de tu vida, mira al frente las olas que se acercan, pero mantente en armonía con el momento. Esa ola va a subir y va a bajar. Sea como sea, date cuenta de la belleza natural que esto encierra y aprende a estar siempre agradecido. Esta es la fuente de la alegría duradera.

Apéndices

Historias de curación y esperanza

Ilchi Lee dice que el trabajo que él realiza tiene como objetivo proporcionar a las personas tres elementos esenciales: salud, felicidad y paz. La vibración de ondas cerebrales destaca de manera especial entre los cientos de técnicas que ha desarrollado debido a su profunda simplicidad y a su sorprendente nivel de efectividad. Por tal motivo ha viajado mucho, enseñando la técnica a personas en Corea, Japón y Estados Unidos. Miles de personas en todo el mundo se han beneficiado de la vibración de ondas cerebrales, y han surgido muchas historias inspiradoras, las suficientes como para llenar un libro por sí solas. Las personas han hallado un alivio para todo, desde enfermedades crónicas hasta problemas de relaciones personales. En las siguientes páginas conocerás a algunas que han realizado cambios físicos, mentales y espirituales en su vida con la ayuda de la vibración de ondas cerebrales.

Para tu salud

Los primeros cambios con frecuencia ocurren en el nivel físico. Aun si no tienes ningún problema específico de salud probablemente te sorprenda la relajación y el incremento de energía que experimentarás. Hemos sabido de personas que se han recuperado de una gama increíble de padecimientos: presión arterial elevada, dolores de cabeza, fatiga crónica, esclerosis múltiple, problemas reproductivos, obesidad y problemas de piel, por nombrar sólo algunos. Por supuesto, la vibración de ondas cerebrales no tiene como objetivo reemplazar la atención médica, pero queda claro que puede ayudar de manera importante al cuerpo en el proceso de recuperación.

Estrés

No hay duda que el estrés es una causa subyacente a muchos problemas de salud en el mundo actual. La liberación del ciclo vicioso de estrés y tensión se encuentra en la base de toda curación experimentada a través de la vibración de ondas cerebrales. Aun si no han aparecido problemas de salud relacionados con el estrés, muchas personas han reportado sentirse más relajadas y menos estresadas.

> Cuando comencé a practicar la vibración de ondas cerebrales me pregunté si no era simplemente un ardid. ¿Cómo algo tan fácil podía crear beneficios de largo plazo? Después de practicarla durante unos minutos, cambié de opinión. Me ha ayudado a manejar mi dolor crónico, a incrementar mi nivel de energía y a mejorar mi actitud hacia la vida en general. En muy poco tiempo mi calidad de vida ha mejorado y sé que seguirá mejorando a medida que progrese en mi entrenamiento.
>
> —*Leslie A. Mamalis, Lakewood, CO*

Comenzar el día de esta manera constituye un regalo especial para mi cuerpo, mi mente y mi alma. Por medio de la vibración de ondas cerebrales —mover mi cuerpo, seguir mi ritmo y detener mi mente ocupada— puedo conectarme y sanar mi cuerpo y mi mente. Es, definitivamente, una de las técnicas más efectivas que he experimentado para purificar todo mi cuerpo, despejar mi mente y nutrir el espíritu. Es sencillo de hacer y me permite conectarme profundamente con mi interior, escuchar a mi cuerpo, elegir, crear y alcanzar lo que deseo. ¡Sorprendente!

—Helen Nelson, Kipling, CO

Pienso que la vibración de ondas cerebrales me está ayudando muchísimo: me siento con energía, más ligera y mi cerebro está muy despierto, lo cual me ayuda porque hago investigaciones y escribo mucho. Después de mi práctica de yoga mi cuerpo y mi cerebro están libres de estrés y se sienten muy ligeros. Mi dolor de cuello se ha aliviado.

—Ayesha Yasmin, Franklin Square, NY

Dolor

Con frecuencia, los profesionales del cuidado de la salud describen el dolor como una "epidemia" porque muchas personas lo sufren diariamente. La vibración de ondas cerebrales se basa en el principio de que el dolor o la enfermedad de cualquier tipo son una señal de desequilibrio en el cuerpo. Las personas hallan alivio al dolor a medida que comienzan a restablecer el equilibrio natural de su cuerpo, aun en casos donde los medicamentos y otros tratamientos no han podido producirlo.

> Sufría de dolores de cuello y hombros cuando estaba sentada frente a la computadora todo el día. Después de que empecé con la vibración de ondas cerebrales mis hombros y mi cuello se destensaron y se relajaron. Después de sólo 10 minutos de ejercicio pude realmente sentir la diferencia.
>
> —*Cecile Kohoei, Mesa, AZ*

> Hace cinco años, cuando por primera vez experimenté la vibración de ondas cerebrales me encontraba en dolor constante. Me dolía todo el tiempo la espalda baja y las rodillas me dolían de tal forma que me vi forzada a renguear y agarrarme a los muebles simplemente para dar unos cuantos pasos. Cuando vi las instrucciones y los participantes comenzaron el ejercicio de vibración, pensé: "Se ve fácil", y decidí probarlo. Al principio hubo un poco de dolor, pero pronto disminuyó. ¡Ahora simplemente me divierto! ¡Me siento mucho mejor! ¡Gracias a esta clase de vibración hago cosas que jamás pensaría que podía hacer!
>
> —*Carol Scholl, Kirkland, WA*

Mientras movía la cabeza sentí un doloroso estallido y crujido en un costado de mi cabeza. Después de unos minutos el dolor y el crujido desaparecieron. Mi cuello se siente caliente y flexible —lo cual es inusual pues normalmente está rígido y me duele— especialmente del lado derecho.

—*Nancy Davis, Springfield, VA*

Después de años de entrenamiento para ser instructor de yoga me costó mucho trabajo sentarme con las piernas cruzadas. Me había lastimado la cadera hacía mucho tiempo, y por lo regular me encontraba rígido y tenso. Con frecuencia, cuando me sentaba con las piernas cruzadas frente a la clase, mis estudiantes parecían más flexibles que yo. Después de hacer la vibración de ondas cerebrales sentado, mis articulaciones de la cadera se habían abierto de manera significativa. La postura de estar sentado ahora me resulta mucho más cómoda, y puedo meditar con mayor profundidad que antes.

—*David Driscoll, Orland Park, IL*

Fatiga

"Me siento con más energía" es uno de los comentarios más comunes reportados por los practicantes. La razón es muy sencilla. Una vez que el estrés y la tensión se han liberado del cuerpo, la energía *ki* finalmente puede fluir libremente por el cuerpo.

He estado practicando la vibración de ondas cerebrales diligentemente durante los pasados tres meses. En primer lugar me siento con más energía. Incluso salto de la cama con menos sueño en la mañana.

—*Kyung Yon Lee, Corea*

Después de comenzar con la vibración de ondas cerebrales me despierto por mí misma, sin necesidad de una alarma por la mañana. Y lo mejor de todo, puedo deshacerme de la fatiga al final del día. Una vez que mi cuerpo recuperó un ritmo saludable, mi deseo de explorar nuevas cosas vino con él.

—*Eun Young Im, Corea*

Presión sanguínea

Los modelos médicos asiáticos afirman que, para permanecer sanos, la energía cálida (fuego) de una persona debería acumularse en el abdomen, y la energía fría (agua) debería circular hacia la cabeza. La presión arterial elevada es una señal segura de que lo opuesto también es verdad, que la energía caliente se acumula en la cabeza. Al aquietar la mente y liberar el estrés del cuerpo, la vibración de ondas cerebrales ayuda a que el cuerpo regrese a un estado energético más saludable, normalizando así la presión sanguínea.

Me tuvieron que llevar a la sala de urgencias a mitad de la noche porque mi presión arterial se fue por las nubes.

Sin embargo, después de comenzar la vibración de ondas cerebrales no sólo mejoró mi presión sanguínea, sino que mi visión mejoró y mis dolores de cabeza desaparecieron. Mi cabeza también se siente despejada y ligera. Dos minutos de simples movimientos de cabeza ayudan a que mi visión se haga más clara. A diferencia de otros ejercicios, la vibración de ondas cerebrales es fácil de hacer aun mientras veo la televisión.

—*Young Sook Park, Corea*

He tenido presión arterial elevada por más de cuarenta años. Antes de la vibración de ondas cerebrales mi presión sanguínea era de aproximadamente 150/89. Esto ocurría mientras tomaba tres distintos medicamentos para la presión. Mis nuevas lecturas de presión han estado muy bajas, hasta 106/76. ¡Esto es poco menos que un milagro!

—*Ron Cohen, Utica, MI*

Dolores de cabeza

Los dolores de cabeza, como la presión arterial elevada, son una señal de que se está acumulando mucha energía de calor en la cabeza. Nuestra cultura es el caldo de cultivo perfecto para los dolores de cabeza, debido a que constantemente estamos inundados con información, y nuestra mente se llena de toda clase de imágenes y pensamientos aleatorios. La vibración de ondas cerebrales ayuda a aquietar la mente de modo que la energía pueda permanecer más abajo en el cuerpo y puedan aliviarse los dolores de cabeza.

Desde que comencé con la vibración de ondas cerebrales, mi cabeza se siente más ligera y puedo pensar con mayor claridad. Ahora ya no me dan migrañas y estoy menos estresada en general.

—*Annette M. Ahlers, Washington, DC.*

He estado practicando la vibración de ondas cerebrales durante más de un mes y he experimentado cambios inesperados en mi cuerpo. Ahora los terribles dolores de cabeza que solían visitarme de vez en cuando y me noqueaban están bajo control. El dolor de cabeza siempre me daba cuando me faltaban horas de sueño o si estaba bajo tensión. Una vez que iniciaba el dolor de cabeza y seguía su curso, el dolor escalaba a grandes llamas ardientes y luego disminuía. Así pues, cuando fuera que experimentaba la menor señal de un dolor de cabeza, me estiraba, caminaba, dormía y tomaba analgésicos para matar el dolor, pero no había resultados.

Hace no mucho tiempo comencé a practicar la vibración de ondas cerebrales a las primeras señales de un dolor de cabeza. Para mi sorpresa, el dolor no iba más allá de cierto punto. Así pues, repetí la vibración de ondas cerebrales cada dos horas. Como resultado, finalmente me liberé del dolor de cabeza al final del día. Me deshice incluso del dolor remanente con el ejercicio de la vibración de ondas cerebrales.

—*In Young Oh, Corea*

Enfermedades crónicas

Algunas de las historias más sorprendentes vienen de personas que sufren enfermedades progresivamente debilitantes. Cuando la medicina convencional no puede ofrecer mucho alivio, es fácil que estos enfermos abandonen la esperanza incluso de regresar a un estado de verdadera salud, pero la vibración de ondas cerebrales les ofrece una nueva oportunidad de indagar sobre la capacidad sanadora natural de su cuerpo, y con frecuencia los resultados son muy impactantes.

> Sufro de esclerosis múltiple. Tenía que ponerme plantillas en los pies y usar bastón simplemente para caminar. No pude mover mis pies durante tres años. Ahora puedo levantarlos. Incluso puedo mover muebles sin ayuda. Antes perdía el equilibrio cuando hacía mi cabeza hacia atrás. ¡Ya no! Hasta mi doctor está sorprendido.
>
> —*Sharon M. Everett, Mesa, AZ*

> Mi salud corría gran peligro. Tenía anemia severa, mis riñones no funcionaban apropiadamente, y los profesionales médicos querían que tuviera quimioterapia, pero mi hígado presentaba complicaciones. Estaba experimentando mucho dolor en mi sistema musculoesquelético y no dormía más de dos horas por noche. Era un desastre. ¡Ahora estoy muy bien, y todos estos padecimientos físicos se han ido por completo! La técnica de la vibración de ondas cerebrales específicamente me ayudó a dormir mejor y a mantener equilibradas y positivas mis emociones de modo que pude realmente sanar mi cuerpo físico.

Esta técnica, combinada con otras del Dahn Yoga, probablemente han sido la principal contribución a mi curación, y estoy muy agradecida.

—Laura Anderson, Scottsdale, AZ

Cuando comencé a practicar la vibración de ondas cerebrales hace cinco años tenía un intenso dolor de fibromialgia en todo mi cuerpo. Hoy puedo decir con honestidad que no tengo ningún tipo de dolor. Me ha ayudado a estar más equilibrada, enfocada y fuerte también. Es lo mejor de todo. Siento que mantiene mi cerebro feliz, centrado y lleno de vida.

—Yolanda Jaramillo, Mesa, AZ

Hace un año y medio me diagnosticaron esclerosis múltiple. Después de 8 ó 9 meses de práctica fui a un examen médico. Para sorpresa de mi doctor, desaparecieron las lesiones cerebrales de mi resonancia magnética. Dijo que no pudo haber sido debido al medicamento que estaba tomando. Además ¡crecí unos centímetros!

—Debbie Nelson, Mesa, AZ

Sufrí de fibromialgia durante doce años. La fatiga era realmente debilitante; en verdad no estaba funcionando y comenzaba a desgastarme. Los beneficios de la vibración de ondas cerebrales fueron inmediatos para mí. Mi fatiga desapareció y el dolor disminuyó significativamente.

Ahora ya no tomo medicamentos, y mi visión de la vida ha cambiado para bien.

—Dianne Yates, West Linn, OR

Estuve luchando contra la fibromialgia y la artritis en mis articulaciones. Estuve tomando medicamentos y me pusieron inyecciones de cortisona en el cuello y el hombro, pero nada parecía ayudarme. ¡Me sentía peor después de cada tratamiento! Mi hija veía que estaba sufriendo y quería que me sintiera mejor pero sin tomar tantas pastillas. Además de todo esto también estaba comenzando a perder el equilibrio. Me costaba trabajo permanecer firme sobre mis pies, y no podía subir las escaleras sin apoyo. Estaba llegando a mí el dolor y la frustración. Decidí que probaría esto como última opción. Luego tomé varias clases de algo llamado vibración de ondas cerebrales; casi inmediatamente sentí cómo cambió mi cuerpo. Al día siguiente no sentí tanto dolor en el cuerpo, ¡fue sorprendente!

La clase de vibración de ondas cerebrales me ayudó a cambiar la forma como sentía mi cuerpo y también cambió la manera de sentir sobre mi cuerpo. Con la ayuda de la vibración de ondas cerebrales he dejado de tomar medicinas para el dolor. Ya no estoy cansada ni deprimida, y no necesito medicamentos contra el dolor para poder funcionar en el día. Mi familia está impresionada con mi nuevo yo.

—Angela Pisa, Andover, MA

Otros padecimientos

Los practicantes de vibración de ondas cerebrales han hallado alivio de una gran variedad de problemas físicos. A medida que tu cuerpo regrese a un estado de equilibrio pondrá al descubierto su capacidad natural de sanación.

> Después de comenzar la vibración de ondas cerebrales, mis senos paranasales se despejaron y mis dolores de cabeza desaparecieron. Cuando era joven iba a conciertos de rock, lo cual trajo como resultado un zumbido fuerte en los oídos; desde que comencé, ha amainado de manera considerable. Ahora sólo es un leve murmullo, y sospecho que un día se irá por completo.
>
> *—Toni Graves, West Linn, OR*

> Cuando el clima estaba caluroso sufría de erupciones en los brazos, las piernas y el cuello: donde la piel hace pliegues. Este verano, sin embargo, no experimenté ningún problema de la piel. Simplemente piensen en ello: había sufrido de problemas en la piel durante treinta y seis largos años. Encima de todo tenía que aplicar aceite en mis manos y pies en el invierno debido a que mi piel agrietada sangraba. Ahora mis manos y mis pies están humectados y suaves, gracias a la vibración de ondas cerebrales.
>
> *—Hwa Kil Park, Corea*

> El doctor quería que continuara con los medicamentos para la pérdida de masa ósea, pero yo me negué a hacerlo.

Después de diez meses de vibración de ondas cerebrales regresé con el doctor para que me hiciera más pruebas, y para su sorpresa, mi densidad ósea aumentó un 3.8%. El doctor me dijo que los estudios han mostrado que la vibración es buena para los huesos.

—Sharon Gardner, Westminster, CO

Cuando comencé esta práctica ciertamente no esperé tener mucho alivio de mi diverticulitis, pues pensé que no había nada que hacer al respecto. De hecho, mi doctor me dijo que era momento de considerar que me quitaran unos centímetros del colon. Sin embargo, a través de la vibración de ondas cerebrales he aprendido a fortalecer mi abdomen y a llevar calor a dicha área. Mi abdomen ahora es mucho más fuerte y la diverticulitis ha desaparecido por completo.

—Kathy Hallock, Honolulú, HI

Nací con una enfermedad llamada "ambliopía", u "ojo perezoso". Mi ojo izquierdo es mucho más débil que el derecho, lo cual produce una desalineación de mis ojos. Tenía que llevar lentes correctivos para esta condición toda mi vida. Recientemente, después de practicar la vibración de ondas cerebrales durante un tiempo se me rompieron los lentes. Sólo entonces me di cuenta de lo mucho que habían mejorado mis ojos.

—Nathan Guadagni, West Linn, OR

Tengo 90 años. Hoy es mi cuarta sesión de vibración de ondas cerebrales y mi flexibilidad ya ha cambiado mucho y tengo más vigor y mejor equilibrio. Ahora puedo hacer una flexión con el dedo contra la pared. Pienso que todo mundo necesita experimentar este entrenamiento.

—*David hill, Moraga center, CA*

Estudios de caso

En las siguientes historias verás en detalle cómo los padecimientos físicos pueden perturbar la vida de una persona. También verás que sin importar cuán desesperada sea la situación, las cosas pueden cambiar rápidamente si das oportunidad al cuerpo. En la primera historia conocerás a una mujer, ahora en camino hacia la recuperación, cuya vida estaba completamente desbaratada después de soportar una herida muy dolorosa.

> Hace diez años me lastimé mientras ayudaba a mis compañeros de trabajo a levantar a una mujer que tenía un ataque de epilepsia. Terminé pasando por una cirugía de disco del cuello, donde me colocaron un clavo. Esto nunca fue cómodo, pero el año pasado las cosas se pusieron verdaderamente mal; de repente comencé a tener dolor en todo el cuerpo, como si todo mi sistema nervioso estuviera afectado.
>
> Finalmente me puse tan mal que no podía desempeñar mi trabajo, y estuve hospitalizada un tiempo. Probé con muchos medicamentos, incluyendo cortisona, pero nada era de mucha utilidad. Afortunadamente, el primer día

que ya no fui al trabajo pasé al Centro de Yoga Dahn. Había tomado *tai chi* con anterioridad y me había encantado, así que me interesó probar. Como estaba en muy mala condición decidí tomar sesiones privadas de curación, las cuales se centraban en la vibración de ondas cerebrales como método curativo.

Experimenté los beneficios de la vibración de ondas cerebrales de inmediato. En las primeras etapas sentí como si algo estuviera cambiando en mi cuerpo. Sentí como si mi cuerpo realmente quisiera aliviarse y de alguna forma las vibraciones estaban ayudando a desencadenar algo desde lo profundo de mí. Con cada sesión me fortalecía más y más.

Ahora, por primera vez en mucho tiempo, estoy virtualmente libre de dolor y puedo caminar y disfrutar mi vida de forma normal. Cuando siento dolor, todo lo que tengo que hacer es tomarme diez minutos para sentir el ritmo de mi propio cuerpo. Ha cambiado por completo mi enfoque sobre la experiencia del estrés y el dolor en mi cuerpo y me ha dado un sentido real de control sobre estas situaciones. Pienso en la vibración de ondas cerebrales como mi "equilibrador". Incluso otras personas han notado cómo estoy más calmada y más centrada. De todo a todo, la vibración de ondas cerebrales ha sido una experiencia sorprendente para mí.

—Linda Mazur, West Linn, OR

La vida budista monástica está dedicada a la contemplación de los ideales espirituales, pero como muestra la siguiente historia de una monja, primero debes tener un cuerpo sano para tener un espíritu sano.

Me he dedicado al entrenamiento en Meditación Koan en un pequeño templo que me dejó mi abuelo. El Koan es un método de entrenamiento budista cuyo propósito es ayudar a las personas a realizarse, y lo he practicado durante mucho tiempo.

Hace unos seis años padecí poliuria nocturna, una enfermedad que provoca que la persona orine frecuentemente durante la noche. Es causada por una falla en los riñones. Tenía que ir al baño al menos cuatro y hasta siete veces por noche.

Como no podía dormir bien, siempre estaba cansado en el día. Tomaba toda clase de medicamentos. También sufría de dolor de espalda severo provocado por la falla renal y se me dificultaba continuar con mi entrenamiento. Sentía que mi cuerpo se estaba quedando dormido y sentía frío en todo el cuerpo. Cuando fui a un hospital para un chequeo me dijeron que tenía seis tumores benignos. El doctor me comentó que los más grandes debían retirarlos con cirugía.

Después de la cirugía, alguien me recomendó la vibración de ondas cerebrales, así que comencé el entrenamiento como miembro de un Centro de Yoga Dahn. El primer día aprendí el golpeteo *Dahn Jon* (Vibración Abdominal, página 148) y practiqué la vibración de ondas cerebrales durante unos veinte minutos. Al principio estaba escéptico, pero enfoqué mi mente en la vibración y practiqué mucho.

El primer día, cuando regresé, estaba muy cansado, pero esa noche no me levanté ni una sola vez. Para mi sorpresa, había resuelto seis años de poliuria nocturna en una sola noche. Me sentía completamente renovado y lleno de energía. No podía creerlo.

No sólo mi cuerpo ha mejorado a través de la vibración de ondas cerebrales. Finalmente obtuve una respuesta para el Koan que durante mucho tiempo había estado tratando de entender. Sentía como si una parte de mi cerebro se abriera y se conectara con algo. Comencé a sentir alegría genuina. Mi mente se alegró, como la de un niño. Ahora estoy pensando en cómo voy a compartir esto que he comprendido y mi felicidad con otros.

Practicaba el *Aplauso Dahn-jon* y la vibración de ondas cerebrales cada vez que tenía tiempo. Más o menos un mes después de haber comenzado a practicar en el Centro de Yoga Dahn regresé con el doctor a un chequeo, y quedó muy sorprendido. Dijo que todos los tumores habían desaparecido, excepto uno muy pequeño. Cuando lo escuché decir esto, pensé: "Ahora puedo vivir".

La vibración de ondas cerebrales me dio la salud y un nuevo enfoque hacia la vida. Finalmente obtuve una respuesta al enigma filosófico que durante mucho tiempo había estado tratando de resolver. Por fin entendí lo que Buda quiso decir cuando expresó: "Busca dentro de tu cuerpo. No puedes obtener nada que dure miles de años si buscas fuera de tu cuerpo".

—*Seong Deok, Corea*

Para tu felicidad

A continuación puedes leer sobre personas que han practicado la vibración de ondas cerebrales y han mejorado su salud mental junto con su salud física. Muchos han hallado el equilibrio en su interior y han logrado controlar las emociones que ejercen efectos negativos en sus vidas. Las personas mejoran sus relaciones personales, superan la depresión y pueden romper hábitos debilitantes y negativos. Y después de unas cuantas semanas de entrenamiento, la mayoría reporta una mayor concentración y mejores habilidades cognitivas.

Concentración

La falta de capacidad para concentrarse es, probablemente, uno de los problemas más comunes de la sociedad moderna. Con tantas distracciones es un milagro que alguien pueda concentrarse en algo. La vibración de ondas cerebrales puede ayudarte a construir tu capacidad de enfocarte quitando la estática de tu cerebro provocada por el bombardeo constante de información.

> Para mí representa un momento de tranquilidad, con todo y el sonido de los tambores vibrantes; un momento para aquietar mi mente sin que mis pensamientos me interrumpan. La vibración sanadora se queda conmigo todo el día; tomarse tres minutos en casa para practicar la vibración de ondas cerebrales me permite recuperar una vez más el equilibrio.
>
> *—Dawn Skong, Springfield, VA*

Me he inclinado más a leer libros. Antes no podía leer un libro durante mucho tiempo debido a la vista cansada y a la falta de concentración. Ahora, además de tener una mayor curiosidad intelectual, me siento menos cansado aun después de dos o tres horas de lectura.

—*Sung Jin Kim, Corea*

Ya no más estar despierta durante horas con toda clase de pensamientos dando vueltas en mi cabeza. He podido calmar mis ondas cerebrales de modo que no tengo pensamientos que rondan mi cerebro todas las noches, y puedo tener pensamientos positivos.

—*Betsy Butler, Lakewood, CO*

Memoria

La buena memoria es producto de una buena concentración. Si descubres que andas un poco olvidadizo, probablemente no sea debido a que algo anda mal en tu cerebro. Más bien, simplemente se debe a que tu mente está demasiado saturada como para dejar que las cosas se queden. A continuación te presento a un par de personas que mejoraron su memoria a través de la vibración de ondas cerebrales.

> Me estaba preparando para mi examen de ingreso a la universidad. Tenía que memorizar algunas páginas de conversación escritas en chino. Estaba nervioso, pero cuando aligeré mi cerebro con la vibración de ondas ce-

rebrales, pude permanecer en calma y con la mente despejada. Obviamente, aprobé el examen.

—*Jee-ae Ahn, Corea*

Con la vibración de ondas cerebrales simplemente estoy más despejada. Durante el día recuerdo lo que necesito recordar. Me doy cuenta que no necesito escribir tantas notas.

—*Barbara Brooks, Mesa, az*

Control emocional

La vibración de ondas cerebrales te ayuda a controlar tus emociones permitiéndote, primero, deshacerte de patrones emocionales negativos.

Solía reprimir el enojo hasta explotar, lo cual me dificultaba llevarme bien con las personas. Con la vibración de ondas cerebrales pude sentir y observar cómo mis emociones reprimidas se acumulaban. Limpié completamente los sentimientos dañinos de mi sistema con lágrimas profusas. Ahora la comprensión que tengo de mí misma se ha profundizado, y tengo la capacidad de mirarme objetivamente.

—*Sung Ah Hong, Corea*

Cuando comencé con la vibración de ondas cerebrales me di cuenta que mi cuerpo tenía un movimiento natural.

Ahora que entiendo plenamente el entrenamiento en ondas cerebrales mi cuerpo responde de formas distintas. Déjenme decirles que sonrío continuamente, que me siento ligero; simplemente me siento increíble. Han pasado al menos diez años desde que me siento así de bien, y a mis veintitrés años, jamás pensé que podría tener esta sensación.

—Amanda Leddy, West Bloomfield, MI

Sufría de depresión y cambios de humor de manera cotidiana. Cargaba todas las preocupaciones del mundo en mis hombros. Ahora puedo observar calmadamente cómo va y viene la ola de semejantes emociones, y puedo controlarme durante esos episodios.

—Bok-hwa Kim, Corea

Desde que comencé con la vibración de ondas cerebrales la mayor parte del tiempo estoy más contenta y más calmada. Si dejo que se cuele aquél antiguo hábito de preocuparme simplemente practico un poco de vibración de ondas cerebrales. Entonces mi cerebro entra en acción y me recuerda que todo saldrá bien, aún si yo no sé cómo lograrlo.

—Nadea Collins, Mesa, AZ

Había estado tomando pastillas contra la depresión durante seis años cuando llegué al Centro de Yoga Dahn. Mi propósito no consistía en curar mi depresión, sólo encontrar una forma de vida más sana. Sin embargo, después de unas cuantas semanas de práctica, me sentí tan contenta y tan fuerte que decidí cortar mi pastilla diaria a la mitad para ver si podía reducir la cantidad de medicina que estaba tomando.

¡Después de sólo tres meses de práctica regular ya había dejado por completo de tomar pastillas! Yo lo considero un milagro, pero los instructores de Yoga Dahn prefieren decir que a través de la vibración de ondas cerebrales encontré la llave para abrir el poder de autocuración que ya se encontraba en mi interior.

—*Céline Auffret, Hoboken, NJ*

Hábitos

La vibración de ondas cerebrales también puede ayudarte a romper patrones de conducta debilitantes. A medida que practiques también estarás más abierto a tus propias sugerencias positivas, como ocurrió con estas personas.

Tenía sobrepeso. Mis hábitos negativos al comer eran la razón principal. Mis comidas eran irregulares y con frecuencia comía de más, lo cual finalmente debilitó mi sistema digestivo. Ni mi cuerpo ni mi mente estaban en buena forma. Una vez que practiqué la vibración de ondas cerebrales diez minutos todos los días comencé a perder peso y mi apetito disminuyó. Finalmente logré comer de manera regular sólo la cantidad que necesitaba.

—*Jae Yol Yoon, Corea*

Veintiún días después de comenzar con la vibración de ondas cerebrales dejé el hábito de fumar que había tenido durante cuarenta años. Me siento bien conmigo más que con cualquier otra cosa porque he cumplido la promesa que me hice a mí mismo.

—*Hong Kwan Ryu, Corea*

Jamás había experimentado algo como esto. Ahora puedo decirme a mí misma: "¡Eres una persona muy atractiva!" He cambiado y ya no vivo una vida con adicción al alcohol y al tabaco.

—*Kwan Ok Choi, Corea*

Estudios de caso

Para darse cuenta de cuán transformadora puede ser la vibración de ondas cerebrales resulta útil ver el cambio que ha experimentado una persona en el contexto de su situación de vida completa. Comencemos con la historia de una mujer que tuvo que hacer una pausa en su vida debido a una depresión postparto y una enfermedad degenerativa en los discos.

> Hace tres años, después de que nació mi hijo, entré en una depresión postparto severa, acompañada por brotes paralizantes de ansiedad. Además, tuve una enfermedad que degenera las vértebras. Mi cuello estaba tan rígido que ni siquiera podía mirar hacia abajo y tocar mi pecho con la

barbilla. Tenía dolores de cabeza todo el tiempo y escuchaba cómo mi cabeza tronaba y crujía cuando la movía. Apenas si podía cuidar a mi hijo de tres años de edad. Realmente era un desastre, y básicamente era inútil. El doctor me dio medicinas pero me provocaron efectos secundarios terribles, y de cualquier forma no me ayudaron.

Cuando llegué al Centro de Yoga Dahn estaba al final de la cuerda. Comencé a tener sesiones de vibración de ondas cerebrales tres veces por semana. Quedé sorprendida por la rapidez con la que progresé. Sólo un mes después mi columna recuperó tanta flexibilidad que me pude agachar y tocar los dedos de mis pies. ¡Y, por primera vez en mi vida, pude tocar mi pecho con la barbilla!

Esto es algo que la mayoría de las personas no toma en cuenta, pero para mí es como un regalo.

—*Julie Eggen, West Linn, OR*

Ser policía es quizá uno de los trabajos más estresantes. Esta es la historia de alguien que pudo encontrar estabilidad emocional a pesar de su empleo difícil y psicológicamente debilitante.

Soy policía. Mi lugar de trabajo es la estación de policía, donde surgen toda clase de conflictos entre las personas. El medio ambiente siempre es discordante. Cuando me canso mi expresión facial se vuelve igual que mi lugar de trabajo. Y me siento aún peor cuando digo palabras de frustración con un rostro severo.

Los momentos más estresantes en mi trabajo son cuando las personas no me entienden al tratar de calmarlas. Algunas veces me insultan sin razón alguna, lo cual me tomo de manera personal. La mayor parte del tiempo simplemente lo dejo pasar. Pero hay momentos en que no puedo soportarlo más; en días como esos, no puedo dormir bien, aún después de salir del trabajo. Toda la negatividad y las palabras hostiles se quedan en mi cabeza; me parece que es un peligro ocupacional. Creo que me voy a enfermar en serio si sigo así.

Incluso antes de aprender la vibración de ondas cerebrales comencé a mover la cabeza a la derecha y a la izquierda después de interrogar a las personas. Creo que mi cuello y mis hombros trataban de recuperarse de todo el estrés y la rigidez. Un día, un amigo me presentó la vibración de ondas cerebrales en el Centro de Yoga Dahn y fácilmente pude seguir todos los movimientos, pues eran similares a los que yo solía llevar a cabo. No observé una gran diferencia al principio del ejercicio, pero empecé a sentir cómo mi cabeza estaba más despejada después de veinte minutos.

A medida que me dejé llevar por el ritmo de mi cuerpo, todos esos sentimientos negativos que me estaban dando problemas desaparecieron.

Después de experimentarlo, cuando me sentía molesto comenzaba a sacudirme la negatividad practicando la vibración de ondas cerebrales. Decidí borrar mis pensamientos negativos de inmediato. Al principio no fue fácil, pero después de practicarlo varias veces fácilmente pude controlar mis sentimientos moviendo mi cuello y mi cuerpo, aun cuando fuera sólo un poco.

Recientemente comencé a imaginar de forma activa, durante la vibración de ondas cerebrales, lo que deseaba ser. Visualizo cómo toda la negatividad y hostilidad se elimina, lo cual ayuda a mi cuerpo a renovarse y llenarse de energía. Todavía me altero frente a una escena de accidente, pero inmediatamente practico la vibración de ondas cerebrales cuando voy de regreso en mi patrulla. Mi método consiste en frotarme las manos y acariciar con ellas mi cabeza, y luego borrar esos sentimientos desagradables moviendo la cabeza. Cuando mis compañeros policías la pasan mal al pensar en recuerdos difíciles, me rio y les grito: "¡Bórralo!"

—Jin-hwan Kim, Corea

Para que te sientas en paz

Si estás dispuesto a profundizar lo suficiente en tu práctica puedes llegar a algunas epifanías sobre el mundo y el lugar que ocupas en él, como demuestra el siguiente grupo de historias. Al conectarte con una energía mayor a tu propia energía personal tú también podrás ver el panorama general de tu vida y obtener un mejor sentido de significado y propósito. Considera tu tiempo de práctica como un momento precioso contigo. Aprende a saber quién eres y cuál es tu lugar en el gran esquema del universo.

Información saludable

La vibración de ondas cerebrales parece permitir a las personas tener una mirada más profunda de sí mismas y de las cosas que las están limitando. Estas personas pudieron trascender información sobre sí mismas, obteniendo la capacidad de dar un paso adelante en la vida.

El cambio más grande que me ha ocurrido es que se me agotó la información limitante que solía restringirme. Cuando me quedé sin información negativa, percibí que algo había cambiado en mi cerebro. Desde entonces, cuando me topo con un problema espinoso trato de obtener una respuesta a través de la vibración de ondas cerebrales.

—*Kyung-hee Im, Corea*

Me di cuenta que había estado demasiado consciente de los puntos de vista que otras personas tenían de mí. Me encasillé, diciéndome: "Siempre debes lucir alegre", "Debes ser amable", "Debes ser agradable". En una palabra, vivía en un marco de "lo que debes y no debes hacer". Si yo no vivía a la altura de esos estándares, me castigaba. Ahora, ya no me menosprecio comparándome con otras personas. Me amo tal y como soy. Es un sentimiento maravilloso.

—*Jee Young Nam, Corea*

Un día, mientras llevaba a cabo un ejercicio de vibración de ondas cerebrales, comencé a sentir a "otro yo" que estaba observando al "yo" que siempre había sido. El "antiguo yo" al que estaba observando parecía patético, con muchas heridas por haber sido lastimado a lo largo de la vida. Sentía tanta lástima de mí que lloré muy sonoramente por compasión. Y luego descubrí que había algo dentro de mí que me hacía desconfiar de mí misma. Ese algo trataba de hacerme creer que me faltaba fuerza de voluntad y paciencia. En el momento en que me di cuenta de la existencia de semejante elemento negativo, desapareció.

—*Dae Suk Woo, Corea*

No podía entonar con mi voz las notas musicales correctas. Por ejemplo, de mi boca salía un "re" cuando intentaba hacer un "do". Estaba llegando a un punto en el que simplemente no podía seguir cantando. Después de un año de comenzar los ejercicios de vibración de ondas cerebrales finalmente pude dar las notas correctas. Es como si hubiera dado un giro al final de mi carrera como cantante. Estoy muy feliz de poder cantar otra vez.

—*Bum Yong Kim, Corea*

Serenidad

La paz verdadera es algo que sólo puede venir de dentro. Muchas personas han usado la vibración de ondas cerebrales para adquirir un sentido auténtico de calma y estar centrados. En medio de las vibraciones puedes encontrar un centro de calma, como el ojo en el centro del huracán.

Los diez minutos de la vibración de ondas cerebrales en la mañana es mi tiempo para comunicarme conmigo mismo. Es un momento de meditación, libre de todas las emociones y todos los pensamientos. Una vez que las ondas cerebrales se estabilizan, las preocupaciones y los problemas personales desaparecen como nieve derretida. Una vez que la mente se aquieta, el entendimiento que necesito para resolver los problemas entra en escena. Es como encontrar las respuestas dentro de mí.

—*Jong-moo Woo, Corea*

Tengo más de setenta años, pero estoy muy sana. En cuanto me despierto por la mañana comienzo el día haciendo el ejercicio de vibración de ondas cerebrales con mi esposo. Puedo experimentar la libertad de mi alma después de bailar *Dahn Mu*. Voy a disfrutar la bendición de la vida hasta el día de mi muerte. Estoy muy agradecida de vivir como ser humano.

—*Yokoda, Japón*

Fui víctima de abuso infantil y no podía estar tranquila, ni siquiera por un instante. Solía moverme sin parar todo el día, y no podía permanecer quieta. Cuando comencé con la vibración de ondas cerebrales mi cuerpo simplemente siguió funcionando sin pensar en el tiempo ni en nada más. Mi mente comenzó a calmarse y a vaciarse. Mi cuerpo se sentía muy ligero, como si flotara en el aire. Al dejar de hacerlo, mi mente y mi cuerpo se sentían muy distintos.

—*Maggie Martin, Aurora, CO*

Practicar la vibración de ondas cerebrales ha provocado un cambio muy notable en mi estado de ánimo fuera de clases. Me siento más asentada y equilibrada. El mundo sería un mejor lugar si todos hiciéramos esto todos los días.

—*Alex Swick, Kipling, CO*

Redescubre tu verdadero yo

A lo largo de la vida ponemos muchas capas de identidad sobre quienes somos en realidad. Puedes usar la vibración de ondas cerebrales para sacudirte las falsas capas y regresar a quien verdaderamente eres por dentro.

La vibración de ondas cerebrales es un lazo directo con mi ser interno, mi verdadero ser. Es una forma de limpieza y curación física, emocional y espiritual. La vibración de ondas cerebrales me conecta con mi Divinidad.

Al utilizar mi tallo cerebral pude tener acceso a mis deseos más profundos y proyectarlos. Puedo verlos con la claridad más pura. Puedo ver mi alma y amarla profundamente. Puedo encontrar mi visión y dirección. La vibración de ondas cerebrales es una práctica sin pensamiento. He experimentado el dejar ir y permitir que el poder del cosmos vibre en mí. Como humano terrestre, yo soy el vínculo entre mi hogar terrestre y la energía cósmica. Esta experiencia me afirma que mi mente es la Mente Cósmica. Mi energía es Energía Cósmica. Mi experiencia es un regalo y una práctica de sinceridad y gratitud. Mi vida es divina.

—*Memory Lamfers, Westminster, CO*

He estado asistiendo al entrenamiento en vibración de ondas cerebrales por más de dos meses los sábados y domingos. Al principio me costó mucho trabajo seguir el ritmo de la música y mantener un equilibrio; gradualmente mis movimientos se hicieron espontáneos y poco después comenzamos con la vibración.

Cuando ya no controlo mi cuerpo siento que entro en la corriente de energía, y el sentido convencional del "yo" desaparece. Sólo existe energía pura, y yo soy esa energía. Ese es mi rostro original, pero no es sólo una experiencia espiritual. En la vida diaria siento que ese antiguo patrón de pensamiento de responder ante distintas situaciones está cambiando gradualmente y tengo más compasión y más valor para enfrentar los desafíos de la vida.

—*Zoga Royt, Flushing, NY*

Por medio de la vibración de ondas cerebrales puedo conectarme con lo profundo de mi verdadera naturaleza interna. La primera vez que lo hice pude realmente verme a mí misma. Pude poner distancia y ver tanto el miedo como el poder en lo profundo de mí. Pude ver el poder infinito y el potencial que tenía. Como resultado, fui más feliz y desarrollé un enfoque más alegre de la vida.

—*Sara Chears, Naperville, IL*

Estudio de caso

Aun si tienes grandes expectativas con respecto al futuro la vida puede ser difícil y tu confianza puede verse cimbrada. A continuación te presento la historia de una joven maestra que utilizó la vibración de ondas cerebrales para ir a lo profundo de sí y de ese modo tener una fe inamovible en sí misma.

> A lo largo de mis años de universidad jamás dudé que ser maestra era el trabajo perfecto para mí. Tenía la confianza de que sería una gran maestra cuando fui a trabajar como docente. Cuando finalmente me gradué y fui a mi primera escuela a trabajar estaba llena de orgullo, creyendo que yo era la maestra perfecta. Pensé que había estudiado mucho y que tenía todos los elementos necesarios para ser una buena maestra.
>
> Pero pronto la desesperación hizo presa de mí cuando me enfrenté a los estudiantes en la vida real. Tenía mucho que enseñarles, pero los estudiantes no me ponían atención. Me costaba trabajo levantarme en la mañana debido a la fatiga acumulada durante el día anterior. "Me está costando mucho trabajo. ¿Por qué está pasando esto?", me pregunté. Este pensamiento cambió más tarde a "No creo estar calificada para ser maestra. Debería considerar tener una clase distinta de trabajo".

Durante ese tiempo uno de los maestros más experimentados me recomendó tomar entrenamiento para enseñar Educación Cerebral a lo niños. Cuando me presentaron la vibración de ondas cerebrales, pensé: "¿Qué caso tiene simplemente mover la cabeza?". Al principio, sólo me enfoqué en la cabeza y el cuello durante la vibración de ondas cerebrales, pero finalmente el movimiento se extendió a todo mi cuerpo. Luego, al día siguiente, pude levantarme en la mañana por mí misma sin la necesidad de una alarma.

Ahora manejo mi mente y mi cuerpo a través de la vibración de ondas cerebrales. De lo que me di cuenta después de sesenta horas de Educación Cerebral es que no había nada de malo en los estudiantes. El problema era yo. No era una persona feliz, y estaba viendo a los estudiantes y al mundo con esa misma actitud infeliz.

Me sentí mucho más feliz después del entrenamiento, y quise compartir esa felicidad con otras personas. Mis estudiantes se veían muy lindos cuando volví a verlos y pude comunicarme bien con ellos durante el resto del semestre. Luego finalmente comencé a tener la esperanza de que en el futuro sería una maestra verdaderamente buena para mis estudiantes.

Un día, un estudiante vino a mí y me dijo: "Solía pensar que no podía hacer nada, hasta que la conocí, y ahora pienso que puedo hacer lo que sea. ¡Muchas gracias, maestra!". Cuando escuché esto, lloré. Estaba muy feliz y muy agradecida.

—*Ji-hyeon Shim, Corea*

Para tus seres queridos

Quizá la forma más extraordinaria de curación viene por medio de sanar a otras personas. Así pues, una vez que has obtenido beneficios físicos, mentales y espirituales para ti puedes compartir tu éxito con otros para ayudarles en su proceso de curación. De hecho, descubrirás que esto ocurre automáticamente. A medida que tus ondas cerebrales se vuelven más sanas de manera natural ejercerás un efecto positivo sobre otras personas.

Relaciones

Conforme tienes más conciencia de tus propias ondas cerebrales también estarás más consciente de las ondas cerebrales de otros individuos. Te darás cuenta de una manera muy profunda y real de que todos estamos conectados, especialmente por medio de las energías que transmitimos al mundo. Al percatarte de estas conexiones energéticas te liberarás de patrones destructivos que deterioran las relaciones en nuestra vida.

> Cuando comencé a practicar la vibración de ondas cerebrales me hice mucho más sensible a la energía de otras personas así como a la mía. No sé qué es, pero ahora me siento una compasión mucho mayor por otras personas y una conexión con ellas. Puedo compartir la energía resonante con otros y sentirme unido a ellos.
>
> —*Kyung-ae Park, Corea*

Estoy disfrutando los beneficios de estar calmada y relajada todo el tiempo. Mis hijos adolescentes ya no me sacan de mis casillas, lo cual a ellos les sorprende. Ellos también están aprendiendo a relajarse y a fluir.

—*Jean Herman, Utica, MI*

Después de la vibración de ondas cerebrales comencé a darme cuenta de que había estado enseñando las cosas mal a mis hijos. Estaba recreando en mis hijos lo que yo había aprendido de mi propia madre. Esto es, los criticaba y los obligaba a tener estándares muy duros. Pude ver la herida que me había infligido mi madre. Me sentía tan mal con mis hijos que lloré mucho. Ahora mi actitud hacia ellos ha cambiado por completo. Les doy mi reconocimiento y los aliento.

—*Yang Soon Park, Corea*

He estado abrumado, sintiendo lástima de mí mismo, tristeza y enojo porque mi madre me abandonó cuando yo tenía tan sólo un año de edad. Fui alcohólico durante mucho tiempo hasta que adopté el ejercicio de la vibración de ondas cerebrales. Después de unos meses mi corazón oprimido finalmente encontró alivio mediante lágrimas que no podía controlar. En ese punto, no pude evitar sino exclamar: "Mamá, te voy a perdonar". Ahora estoy sumamente feliz porque me he liberado del alcohol.

—*Hamakada Emiko, Japón*

No sólo me volví saludable con la vibración de ondas cerebrales, sino que me siento libre de los pensamientos de terquedad que solía albergar en el pasado. Antes me decían que mi personalidad era demasiado fuerte y franca. Ahora las personas se sorprenden de que me haya vuelto una persona flexible y suave.

—*Koto Keiko, Japón*

Estudio de caso

No existe un regalo mayor que el de la esperanza. Esta es la sorprendente historia de una mujer que ayudó a su hija discapacitada a realizar un progreso increíble gracias a la vibración de ondas cerebrales.

Después de haber practicado la vibración de ondas cerebrales durante unas cuantas semanas supe que era muy útil. En tan sólo esas pocas semanas descubrí que mi vista mejoró, me sentía menos estresada y tenía menos dolores de cabeza. Estos eran grandes resultados para mí, pero a medida que fui leyendo el libro y aprendí más comencé a preguntarme: "¿Podría la vibración de ondas cerebrales ayudar a mi hija?"

Mi hija tiene diecinueve años y padece el síndrome de Rett, un desorden genético que impide que los niños se desarrollen de manera normal. Aunque técnicamente es un adulto, física, emocional y mentalmente está menos desarrollada que un niño de tres años. No puede caminar, no forma oraciones completas y no puede comer o vestirse por sí sola. Ha estado en silla de ruedas durante siete años y usa pañal. Su conducta, como la de todos los niños Rett, es autista; raramente interactúa con otras personas o responde ante ellas.

Como está completamente incapacitada físicamente, decidí tomar el asunto en mis propias manos. No puede mover su cuerpo, así que decidí movérselo yo. Simplemente coloco mis manos en su cuerpo ¡y lo muevo, lo muevo y lo muevo! Igualmente, golpeteo todo su cuerpo con las palmas de mis manos. ¡A ella le encanta!

Al cabo de sólo un mes he visto cambios increíbles en mi hija. Ha comenzado a hablar más y me responde cuando le hablo. Aún sigue usando pañal, pero ha comenzado a avisarme cuando necesita ir al baño.

Físicamente, parece estar adquiriendo equilibrio y habilidades motrices todos los días. Ahora puede sentarse por sí misma en una silla recta, ¡y hasta puede caminar con ayuda! Podría decir que ha mejorado un 70 por ciento ¡en sólo un mes! En nuestro último chequeo, el doctor estaba sorprendido por el cambio que vio en ella. Y, lo mejor de todo, sé que está más contenta porque sonríe mucho más que antes.

Me siento muy aliviada por la curación que la vibración de ondas cerebrales ha traído a mi hija. Antes, algunas veces perdía la esperanza, preguntándome si tendría que cambiar pañales por el resto de mi vida. Ahora tengo una fuente de esperanza para mí y para mi hija. Y he descubierto una forma maravillosa de conectarme con mi hija, lo cual, como cualquier padre o madre de un niño autista sabe, es un gran, gran regalo.

—*Anna Contreras, Henderson, NV*

Autoevaluación de SFP

Examina tu estado de salud, felicidad y paz

La Organización Mundial de la Salud define la salud como "un estado completo de bienestar físico, mental y social y no meramente la ausencia de enfermedades o padecimientos". Para alcanzar un verdadero estado de salud, la mente, el cuerpo y el espíritu deben trabajar en conjunto y de forma armoniosa. Si un cuerpo musculoso y atlético es usado para perpetrar violencia, o si una mente brillante es utilizada para lastimar a otros por medio del engaño, esto refleja un estado de enfermedad.

Aunque la mayoría de las personas desean un estado de completa salud, los estándares por medio de los cuales se puede medir el bienestar individual siguen siendo poco claros. La Autoevaluación de SFP (Salud, Felicidad y Paz) examina el estado actual de los tres componentes principales del bienestar auténtico: salud, felicidad y paz. Los resultados se muestran en un diagrama que representa gráficamente tu estado general de salud.

El Triángulo SFP (página 205) es una representación del bienestar de tu cerebro. Es importante tomarlo en consideración, pues tu cerebro toma todas las decisiones que determinan tu calidad de vida. Sin embargo, no se trata de un análisis científico o médico de tu cerebro, y los resultados sólo tienen como objetivo una reflexión personal.

Cuestionarios SFP

Por favor examina los pensamientos, acciones, sentimientos y actitudes descritas abajo y califica cada afirmación, indicando qué tanto estás de acuerdo o en desacuerdo con ella. Califica cada afirmación en una escala de uno a cinco, siendo el (1) un indicativo de un desacuerdo total y el (5) un indicativo de un acuerdo total. Después de realizar los tres cuestionarios, suma todas las calificaciones de cada cuestionario, anótalas como se indica en la página 204, y márcalas en tu Triángulo SFP que se encuentra en la página 205.

Totalmente en desacuerdo ◄·····► Totalmente de acuerdo

1	2	3	4	5

Cuestionario de Salud (S)

S-1 Por lo regular puedo respirar de forma natural y cómoda

1	2	3	4	5

S-2 Tengo mucha energía a lo largo del día

1	2	3	4	5

S-3 Mi cuerpo por lo regular se siente ligero

1	2	3	4	5

S-4 Por lo regular no me cuesta trabajo mover el cuello

| 1 | 2 | 3 | 4 | 5 |

S-5 Por lo regular no me cuesta trabajo mover mis muñecas y tobillos

| 1 | 2 | 3 | 4 | 5 |

S-6 Puedo caminar todo el día sin sentirme cansado(a)

| 1 | 2 | 3 | 4 | 5 |

S-7 Por lo regular mis brazos y mis piernas se sienten fuertes

| 1 | 2 | 3 | 4 | 5 |

S-8 Raramente tengo dolores de cabeza

| 1 | 2 | 3 | 4 | 5 |

S-9 Mi boca por lo regular produce mucha saliva

| 1 | 2 | 3 | 4 | 5 |

S-10 Me doy tiempo para disfrutar mis pasatiempos

| 1 | 2 | 3 | 4 | 5 |

S-11 Consumo una dieta equilibrada

| 1 | 2 | 3 | 4 | 5 |

S-12 Hago ejercicio de manera regular para mejorar mi salud

| 1 | 2 | 3 | 4 | 5 |

S-13 Duermo profundamente y bien toda la noche

1	2	3	4	5

S-14 Tengo buena digestión

1	2	3	4	5

Cuestionario de Felicidad (F)

F-1 Siempre me siento bien

1	2	3	4	5

F-2 Siento que soy una persona feliz

1	2	3	4	5

F-3 Tengo buenas relaciones con mi familia, mis compañeros de trabajo y otras personas que me rodean

1	2	3	4	5

F-4 Soy una persona optimista

1	2	3	4	5

F-5 Aun si me siento triste por algún evento de mi vida, vivo con una actitud positiva y proactiva

1	2	3	4	5

F-6 Estoy muy satisfecho(a) con mis condiciones personales, familiares y sociales

1	2	3	4	5

F-7 Estoy agradecido(a) por mi vida tal y como es

| 1 | 2 | 3 | 4 | 5 |

F-8 Estoy orgulloso(a) de ser quien soy

| 1 | 2 | 3 | 4 | 5 |

Cuestionario de Paz (P)

P-1 Sigo los dictados de mi conciencia en todas las situaciones

| 1 | 2 | 3 | 4 | 5 |

P-2 Estoy seguro(a) que mi vida tiene un significado y un propósito

| 1 | 2 | 3 | 4 | 5 |

P-3 Acepto las dificultades de mi vida como algo que contribuye a mi crecimiento

| 1 | 2 | 3 | 4 | 5 |

P-4 Estoy utilizando mis talentos y capacidades de una manera gracias a la cual me realizo

| 1 | 2 | 3 | 4 | 5 |

P-5 Considero que mis actividades benefician a la humanidad

| 1 | 2 | 3 | 4 | 5 |

Cómo calcular las calificaciones de SFP

Cuestionario de Salud (S) (14 preguntas)

Total de puntos para las preguntas S1-S14. El total máximo es de 70 puntos. ⋯⟩ Tu calificación de Salud es: _____ puntos

Cuestionario de Felicidad (F) (8 preguntas)

Total de puntos para las preguntas F1-F8. El total máximo es de 40 puntos. ⋯⟩ Tu calificación de Felicidad es: _____ puntos

Cuestionario de Paz (P) (5 preguntas)

Total de puntos para las preguntas P1-P5. El total máximo es de 25 puntos. ⋯⟩ Tu calificación de Paz es: _____ puntos

Triángulo SFP

Después de determinar tu puntuación en cada categoría, marca los números en el siguiente gráfico, marcando tus resultados para cada uno de los tres cuestionarios de salud, felicidad y paz. Luego conecta los puntos para crear un triángulo. Entre más grande sea el triángulo y más equilátero, mayor será tu nivel general de salud.

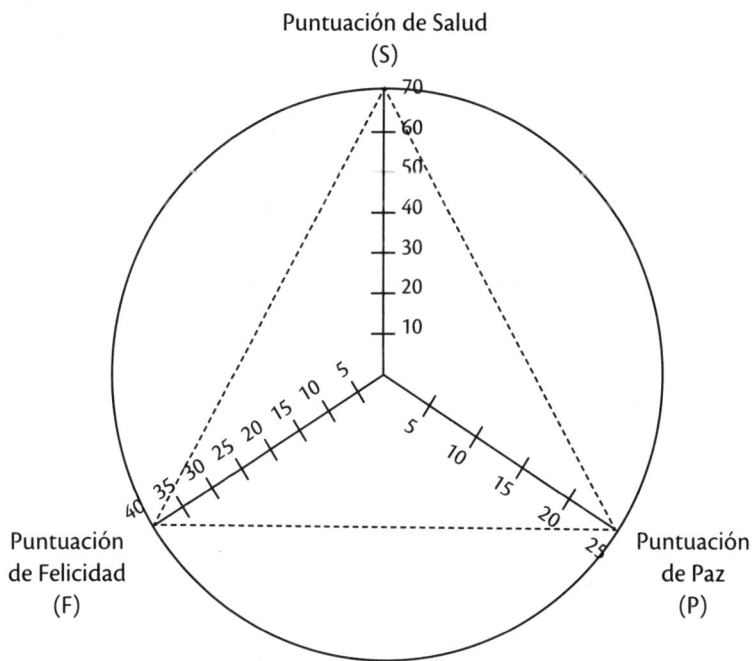

Cómo mejorar tu SFP

Mejora tu salud

- Siéntate cómodamente, sintiendo tranquilamente cómo tu respiración entra y sale. Cuando estés respirando de forma regular, cierra los ojos e inhala y exhala profundamente, y continúa esta respiración profunda durante cinco minutos.
- Practica ejercicios que incrementen de manera gradual la flexibilidad de tus articulaciones y músculos.
- Haz ejercicios que desarrollen la fuerza de tus músculos.
- Camina vigorosamente durante al menos 30 minutos todos los días.
- Abstente de fumar, consumir cantidades excesivas de alcohol y comer en demasía.
- No te involucres en abuso de drogas.
- Ve a dormir y despiértate a la misma hora.
- Evita comer cuatro horas antes de dormir.
- Eleva tu poder natural de curación a través de la práctica de la vibración de ondas cerebrales.

Acentúa tu felicidad

- Ríete mucho y muy fuerte sin ninguna razón. La risa intensifica la producción de endorfinas en tu cerebro y reduce la producción de cortisol, una hormona del estrés.
- Ofrece cumplidos auténticos y elogia a quienes te rodean.
- Alberga gratitud en tu corazón y expresa esa gratitud a otros.
- No retrases las disculpas y déjalas en claro.
- Pide ayuda cuando la necesites.

- Practica algún pasatiempo que te guste.
- Determina lo que verdaderamente quieres en la vida.
- Establece una meta importante para tu vida.
- Toma decisiones positivas.
- Sé proactivo en tus relaciones con otros.
- Ten éxito al alcanzar tus metas, por pequeñas que sean, para desarrollar la confianza en ti mismo.
- Date cuenta que eres el maestro de tu cerebro, y de esta forma domina tu vida.
- Desarrolla la capacidad de controlar tus emociones por medio de la vibración de ondas cerebrales.

Aumenta tu índice de paz

- Date cuenta de que todas las cosas están conectadas; despierta a la unidad de todas las cosas.
- Sabe que la creencia de que tus decisiones cambian el mundo se basa no en expectativas, sino en principios.
- Ayuda a otros como puedas.
- Interésate en los problemas de la sociedad y participa en esfuerzos colaborativos para resolverlos.
- Conoce qué problemas medioambientales enfrenta la Tierra y comienza cambiando tus hábitos con respecto a tu propio estilo de vida, como mantener tu termostato a una temperatura baja en el invierno, usar tu auto menos o reciclar más artículos.
- Despierta tu poder creativo a través de la vibración de ondas cerebrales.

Los cinco pasos del sistema de entrenamiento en educación cerebral

El sistema de entrenamiento en educación cerebral (BEST, por sus siglas en inglés) está diseñado para ser una forma sencilla y fácil de seguir, cuyo objetivo es maximizar el potencial de tu cerebro de modo que puedas vivir una vida saludable, feliz y pacífica. El sistema de entrenamiento está dividido en cinco pasos, cada uno de los cuales se edifica sobre la base de la efectividad del anterior. Por lo general, estos cinco pasos se practican en orden, a medida que vas teniendo progreso en los 5 programas BEST; pero requerirán de una práctica continua y muchos de los programas de entrenamiento utilizan diversos pasos de forma simultánea y no necesariamente han de completarse en orden. La vibración de ondas cerebrales, cuando se practica de manera consistente, puede fortalecer las cinco etapas.

Sensibilización Cerebral

En el primer paso te haces sumamente consciente de tu cerebro y de su importancia en tu vida. Mucha de la labor se hace en el nivel físico, pues la conexión entre el cuerpo y el cerebro se fortalece en este punto. La yoga, el *tai chi*, el *chi gong* y las artes marciales son ejemplos de ejercicios mente-cuerpo utilizados para establecer la Sensibilización Cerebral. Cuando cada músculo de tu cuerpo se mueve y cada nervio se estimula, las áreas correspondientes del cerebro también despiertan. Como resultado, se mejora el equilibrio y la coordinación en tu cuerpo.

También se recomiendan en esta etapa la meditación básica y las técnicas de sensibilización energética, pues estas te ayudarán a desarrollar una mejor concentración y una percepción exacerbada. Al aprender a ver la energía *chi* como la conexión entre el cuerpo y el cerebro, recibes el poder de comenzar a cambiar hábitos que afectan de forma negativa tu cuerpo y tu mente. El trabajo con la respiración también se utiliza para ayudar a restablecer el equilibrio energético al tiempo que libera el estrés y restaura la claridad mental.

Versatilización Cerebral

Así como los músculos del cuerpo necesitan moverse y estirarse para hacerse más flexibles, lo mismo ocurre con el cerebro. Este paso busca sacar plena ventaja de la neuroplasticidad, la capacidad del cerebro para ajustarse a nuevos ambientes y aprender nuevas cosas. Al desafiar a tu cerebro a que domine nuevas tareas, le ayudas a crear nuevas conexiones y a tener una mayor capacidad para reconocer nuevos patrones de pensamiento y acción. En esencia, la meta de este paso consiste en crear un cerebro altamente adaptable que puede aprender rápidamente, vencer hábitos negativos y adaptarse fácilmente a una amplia variedad de situaciones.

Los cinco pasos del sistema de entrenamiento en educación cerebral 211

[5 pasos de educación cerebral]

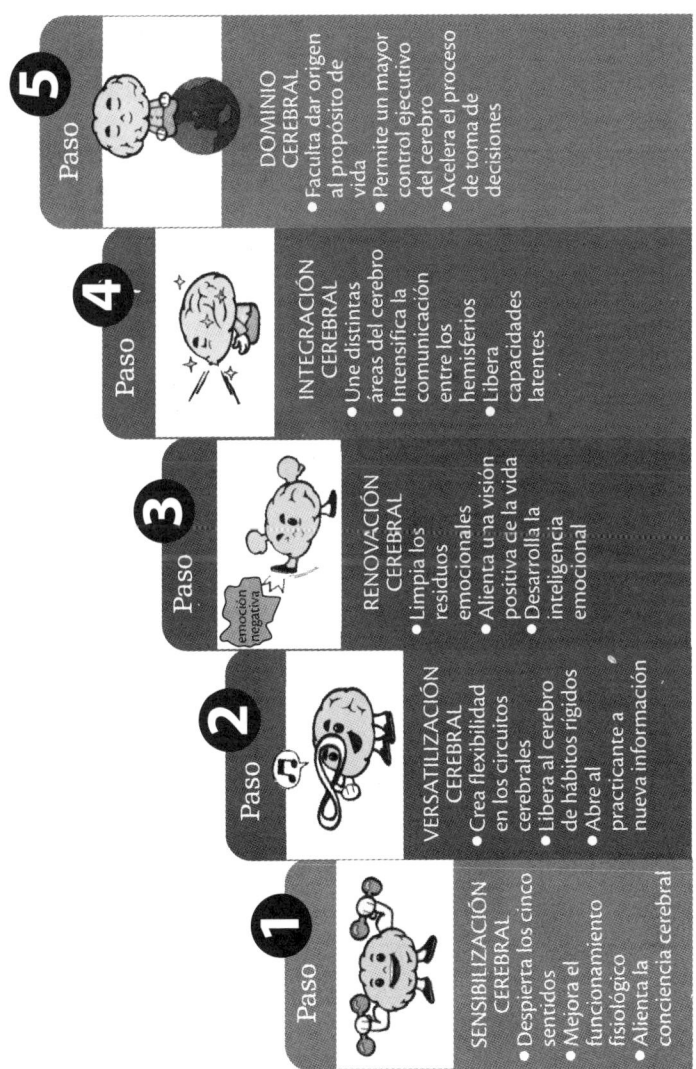

Paso 1 — SENSIBILIZACIÓN CEREBRAL
- Despierta los cinco sentidos
- Mejora el funcionamiento fisiológico
- Alienta la conciencia cerebral

Paso 2 — VERSATILIZACIÓN CEREBRAL
- Crea flexibilidad en los circuitos cerebrales
- Libera al cerebro de hábitos rígidos
- Abre al practicante a nueva información

Paso 3 — RENOVACIÓN CEREBRAL
- Limpia los residuos emocionales
- Alienta una visión positiva de la vida
- Desarrolla la inteligencia emocional

Paso 4 — INTEGRACIÓN CEREBRAL
- Une distintas áreas del cerebro
- Intensifica la comunicación entre los hemisferios
- Libera capacidades latentes

Paso 5 — DOMINIO CEREBRAL
- Faculta dar origen al propósito de vida
- Permite un mayor control ejecutivo del cerebro
- Acelera el proceso de toma de decisiones

Este paso probablemente ejerza un efecto profundo en tu calidad de vida pues aprenderás a romper patrones de conducta mentales y físicos al tiempo que creas hábitos nuevos que afirman la vida. Los malos hábitos pueden ser difíciles de romper debido a que, en algún grado, se arraigan en el cerebro por medio de la repetición, la cual solidifica las conexiones neurales relacionadas con la conducta. Afortunadamente, el cerebro jamás pierde la capacidad de reestructurarse, y de este modo siempre pueden crearse nuevas conexiones y hábitos. En el nivel de entrenamiento más elevado, esto incluye la capacidad de cambiar prejuicios profundamente enraizados y conceptos previos para la creación de una vida mejor y más satisfactoria.

Renovación Cerebral

A lo largo de tu vida has experimentado cosas que han tenido un efecto duradero en tu cerebro. Estas cosas persisten como una especie de residuo emocional que afecta tu vida. A partir de este residuo puedes haber creado los conceptos y patrones negativos de pensamiento que te han impedido alcanzar tu potencial pleno. La intención de la Renovación Cerebral consiste en liberar y limpiar estos recuerdos gravosos para abrir paso a la curación y la renovación.

Al expresar y liberar antiguas emociones arraigadas en las experiencias traumáticas del pasado aprenderás a controlar el contenido de tu propia mente en lugar de ser controlado por los caprichos de la variación emocional. Aprenderás a utilizar la energía de tu mente de una manera más concentrada e ininterrumpida.

Integración cerebral

Después de haber aprendido a vaciarte del equipaje emocional estarás listo para expandir tu conciencia y trascender los límites del ego, sintiendo la unidad de todas las cosas. Estarás listo para hacerte preguntas fundamentales sobre la vida con completa honestidad y sinceridad. Entonces aceptarás que ingrese información nueva y positiva al cerebro.

Como la identidad es la información nuclear que afecta tu vida, es de interés primario, y puedes crear una nueva identidad basada en tu recién descubierto propósito de vida. Una vez que estás plenamente integrado con esta nueva identidad, el potencial creativo se vuelve prácticamente ilimitado.

Esta etapa recibe el nombre de Integración Cerebral porque todas las capas del cerebro están trabajando en conjunto y el tallo cerebral se activa. Asimismo, los hemisferios izquierdo y derecho del cerebro comienzan a comunicarse mejor, y las partes dispares del cerebro comienzan a trabajar juntas en cooperación plena. Por medio de esta exploración profunda puedes descubrir la parte de ti que verdaderamente está destinada a dirigir tu cerebro.

Dominio Cerebral

Ahora que has descubierto la vida que verdaderamente deseas vivir, estás listo para crear un estilo de vida basado en las metas que se desarrollan por medio de la comprensión de ese propósito. Se trata de una búsqueda esencialmente espiritual porque requiere una atención continua y un desarrollo continuo de los aspectos más elevados de tu carácter.

El Dominio Cerebral cultiva el hábito de una vida iluminada continua en oposición a breves y efímeros momentos de iluminación. Durante la fase de Dominio Cerebral continuarás aplicando los cuatro pasos previos a medida que sigas desarrollando tu cuerpo, tu mente y tu espíritu.

A través del Dominio Cerebral tu cerebro seguirá transformando y solidificando conexiones neurales que apoyan la creación de una vida verdaderamente feliz. De forma gradual, tu cerebro encontrará soluciones creativas y viables a los problemas básicos de la vida. Asimismo, serás más firme de manera natural, y tu mente desarrollará el hábito de formar relaciones más pacíficas con otras personas y con el mundo como un todo.

Recursos para la vibración de ondas cerebrales

Los siguientes recursos te ayudarán a obtener el máximo del entrenamiento en vibración de ondas cerebrales pues expanden la conciencia que tienes de la vida y de tu cerebro a través de la Educación Cerebral. Todos los libros y discos compactos están disponibles en inglés en *www.bestlifemedia.com* y *www.amazon.com*. También está disponible una versión en español de los libros a través de Grupo Editorial TOMO.

Libros

Principios de para el manejo del cerebro
Un enfoque práctico para sacar
el máximo provecho de tu cerebro
Por Ilchi Lee
Grupo Editorial TOMO

Tomado de su reconocido método a nivel mundial de Educación Cerebral, Ilchi Lee proporciona a los lectores técnicas sencillas, como la caminata consciente, ejercicios de renovación emocional y estrategias básicas de manejo del estrés para liberar el potencial creativo y cognitivo del cerebro. El libro ofrece una presentación clara y práctica de cada uno de los cinco pasos de la Educación Cerebral.

En plenitud
Una guía de Educación Cerebral
para envejecer exitosamente
Por Ilchi Lee y Jessie Jones, Ph.D.

Este libro explora la sorprendente capacidad que tiene el cerebro para evolucionar, adaptarse y aprender a cualquier edad. Proporciona actividades desafiantes que promueven la rapidez mental además de fortalecer y apoyar el aprendizaje a lo largo de la vida. También ayuda a las personas a entender la importancia del cerebro para los patrones emocionales y la identidad personal. En pocas palabras, este es un libro que trata sobre utilizar las capacidades naturales del cerebro para crear una vida feliz y productiva en los últimos años de vida.

Audio

Brain Vitality Meditation
CD (inglés) (CD de Meditación
para la Vitalidad Cerebral)
De Ilchi Lee

Este CD contiene una guía para todas las fases clave de la Educación Cerebral, incluyendo el entrenamiento en Sensibilidad Energética y las cinco etapas principales de la Educación Cerebral y el Entrenamiento en Poder Cerebral.

Puedes escuchar el disco completo o escoger una pista específica que se adapte a tus necesidades. Descubre métodos efectivos para inducir la relajación profunda y la vitalidad en el cuerpo y el cerebro.

**Música para la Vibración
de Ondas Cerebrales**
Artistas varios

Esta colección de música está diseñada idealmente para la práctica de la vibración de ondas cerebrales. Los ritmos de tambores resonantes se mezclarán de manera natural con los ritmos básicos de tu cuerpo, ayudándote a desencadenar tus capacidades naturales de sanación. Incluye ejemplos del *sa-mul-no-ri* coreano tradicional, un estilo que su creador, Ilchi Lee, recomienda para la práctica de la vibración de ondas cerebrales.

Recursos en Internet

www.ilchi.com (en inglés)

El sitio oficial de Ilchi Lee ofrece información abundante que te ayudará a desarrollar lo mejor de tu cerebro para lo mejor de tu vida. Aprende acerca del funcionamiento del cerebro y a sacar el máximo provecho de tu cerebro a través de las técnicas de entrenamiento de Educación Cerebral. Asimismo, puedes hacer preguntas al autor y así tener información constante a través de su Periódico Ilchi (*Ilchi Journal*) y *Ask Ilchi* (*Pregunta a Ilchi*).

www.brainwavevibration.com (*en inglés*)

Al ofrecer una mirada profunda del libro *vibración de ondas cerebrales*, este sitio constituye un apoyo para tu práctica con información actualizada sobre Educación Cerebral y métodos de entrenamiento relacionados. Visítanos hoy y obtén un gran cúmulo de información sobre el libro, la práctica y el autor.

Instrucción individualizada

Centros de Yoga Dahn

Estos centros brindan una gran variedad de programas de instrucción basados en el método de Educación Cerebral de Ilchi Lee, incluyendo la vibración de ondas cerebrales. Un instructor capacitado te guiará por el proceso de establecer y alcanzar tus metas hacia la creación de salud y felicidad genuinas.

www.dahnyoga.com

Acerca del autor

Durante los últimos treinta años Ilchi Lee ha dedicado su vida a encontrar formas para desarrollar el potencial del cerebro humano. El Sistema de Entrenamiento en Educación Cerebral, una colección de programas de capacitación mente-cuerpo que ayuda a desencadenar el verdadero potencial del cerebro, es el fruto más importante de esta búsqueda. El propósito final del desarrollo cerebral, de acuerdo con Lee, es la paz mundial duradera. Él identifica al cerebro como el asiento de la conciencia humana, y, por tanto, es a través del desarrollo del cerebro que cree que la humanidad puede trascender su condición actual.

Hoy en día, Lee ocupa el cargo de presidente de la Universidad de Educación Cerebral y del Instituto Coreano de Ciencia Cerebral. Lee es autor de más de treinta libros y su trabajo como pacificador y educador ha sido ampliamente reconocido, tanto en su natal Corea como en la comunidad internacional.

TÍTULOS DE ESTA COLECCIÓN

Aprenda más rápido y recuerde más.
Gamon y Bragdon

Cerebro en forma.
Gareth Brook

Cerebros que funcionan un poco diferente.
Bragdon y Gamon

Cómo desarrollar el poder del lado izquierdo del cerebro.
Bragdon y Gamon

Ejercicios inteligentes.
Bragdon y Gamon

Ejercicios para todo el cerebro.
Bragdon y Fellows

Juegos para ejercitar el cerebro.
Gamon y Bragdon

Memoria sin edad.
Harry Lorayne

Principios de administración cerebral.
Ilchi Lee

¡Úselo o piérdalo!
Bragdon y Gamon

Vibración de ondas cerebrales.
Ilchie Lee

Impreso en los talleres de
MUJICA IMPRESOR, S.A. DE C.V.
Calle Camelia No. 4, Col. El Manto,
Deleg. Iztapalapa, México, D.F.
Tel: 5686-3101.